ANS VAN BER

AQUARELLE

De la découverte à la création

ULISSE*DITIONS*

15, rue Mansart
75009 Paris

Directrice éditoriale : Josiane Boulanger
Photos : Nikos Stathis
Maquette : Ulisse Éditions
Photocomposition : Ulisse Éditions
Réalisation : Ulisse Éditions

Dépôt légal : 2e semestre 2000

Imprimé en Espagne

ISBN 2-84415-023- 3

Table des matières

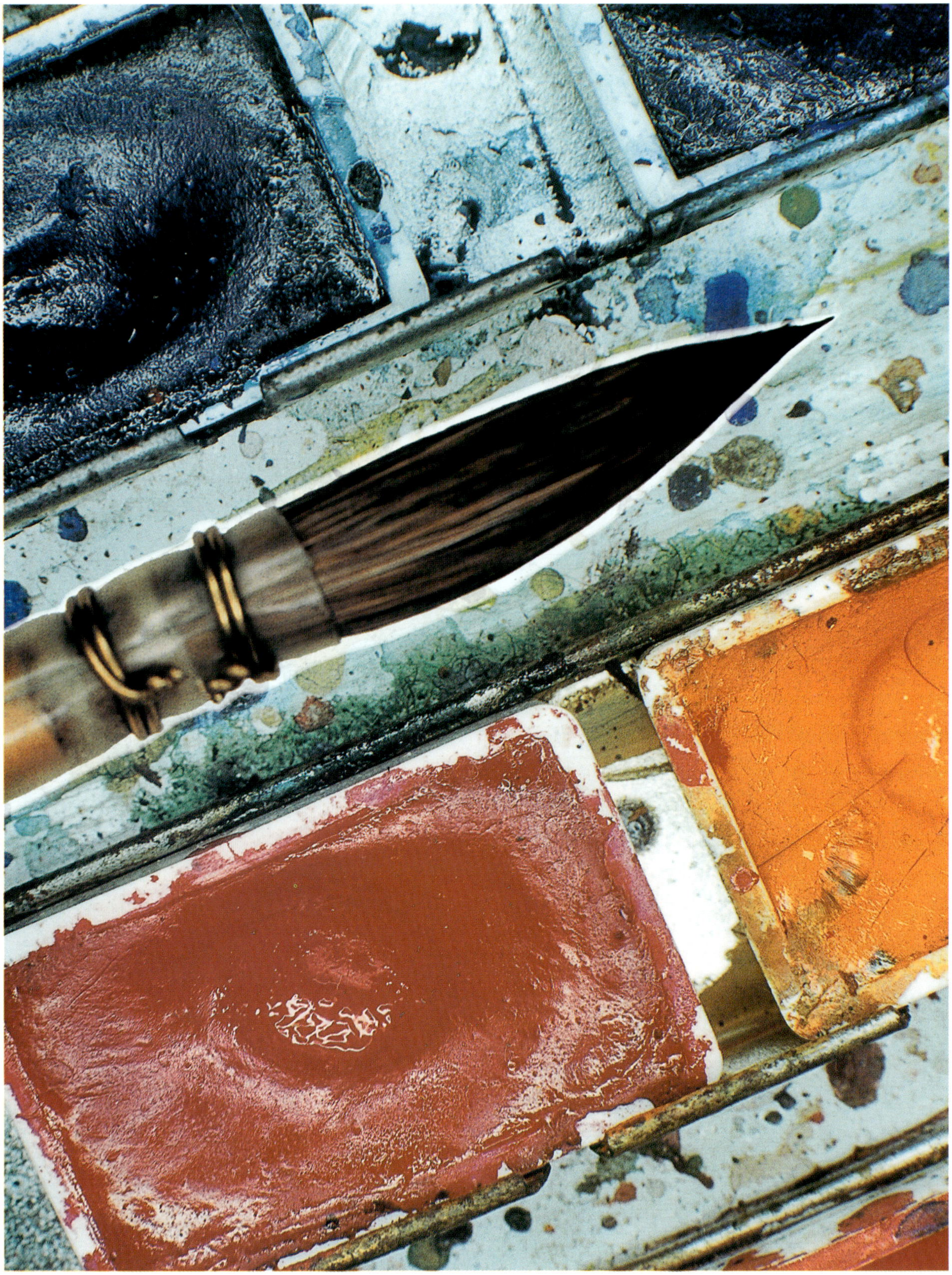

Introduction

Peindre c'est mettre des couleurs d'une certaine façon sur une surface.

« Peindre » c'est aussi et surtout exprimer quelque chose qu'on ne peut pas formuler autrement qu'au moyen de couleurs, de formes, en une synthèse créative.

Chaque étude sur l'art en général, mais surtout la peinture, a comme première tâche de sensibiliser le public à ce genre d'informations et, par une meilleure compréhension, provoquer le vouloir de leur réception.

« Peindre » ce n'est ni badigeonner, ni colorier.

« Peindre » se réfère toujours à quelque chose de spirituel qui, au moyen des couleurs d'abord, attirera, retiendra, captivera le regard de l'observateur.

Si l'aquarelle ne se limite à aucun thème ou sujet particulier (paysage, nature morte, personnage, composition abstraite), elle nécessite par contre une technique aux propriétés caractéristiques, l'eau étant un élément essentiel. Les couleurs sont posées sur un fond clair, en général blanc, mais ce qui est décisif c'est la transparence. C'est elle qui donne l'intensité lumineuse du coloris. Le trait et le dynamisme de la touche feront la qualité spécifique du travail.

Dans l'aquarelle, le support est le papier, l'instrument le pinceau et la matière les pigments de couleurs en poudre mélangés à un liant soluble dans l'eau.

Grâce à la simplicité de ces accessoires, l'aquarelle peut accompagner l'artiste dans ses promenades ; il peut alors, captant l'impression première, répondre instantanément à ses visions, ses émotions.

L'objectif de ce livre, c'est un premier parcours initiatique à la découverte ludique du matériel, de la couleur, de la manipulation du pinceau, des différentes techniques propres à l'aquarelle, jusqu'à la réalisation de l'image… et quelques thèmes à travailler ensemble.
Si j'ai mis tout particulièrement l'accent sur la couleur, c'est que depuis mon enfance je n'ai cessé d'être émerveillée, fascinée par le monde magique, indéfini et abstrait des couleurs.

Dans mon pays natal (les Pays Bas), les couleurs sont plus restreintes, comme à Hambourg (Allemagne) où j'ai vécu quelques années avant de m'installer en Drôme Provençale, pays de lumière, bonheur d'une palette colorée. Mon atelier se trouve à Saint-Restitut.

Cet ouvrage, non exhaustif, tant le sujet est vaste, est le résumé de 22 ans d'expérience acquise dans l'enseignement de la peinture. Expérience que je souhaite partager avec vous.

Mais..., je sens votre curiosité et votre impatience grandissantes, aussi je vous invite, sans plus tarder, à entrer dans ce monde inépuisable de la couleur. Tournez la page..., et découvrez !

Je tiens à remercier mes amis Denise Reynaud, Gabriele Benitah, Michèle Garin, Alain Boucher et Nikos Stathis, qui m'ont aidé à la réalisation de cet ouvrage.

Pigments, liants et additifs.

1 Matériel, accessoires, lieu de travail

Les peintures pour l'aquarelle

Pigments et liants.
La peinture pour l'aquarelle est composée de pigments, d'un liant et d' additifs.
Les pigments sont des poudres colorantes, finement broyées, qui peuvent être d'origine naturelle, minérale, végétale, animale ou de synthèse organique.
Comme liant on utilise de la gomme arabique, qui est soluble à l'eau, pour plastifier on ajoute de la glycérine, comme agent d'humidité du fiel de bœuf, pour épaissir de l'amidon ou de la dextrine, du miel ou du sucre et pour conserver du phénol ou du chlorure de sodium.
Les liants sont limpides, les additifs donnent la possibilité d'épandre facilement les pigments. L'eau (aqua) est l'élément essentiel pour la réalisation. Tout cela parait comme une recette de cuisine, mais je vous conseille de laisser cette préparation aux spécialistes : ils ont l'expérience depuis des années, car il faut savoir que chaque pigment demande une autre préparation et un autre dosage des liants et des additifs.

Transparence

Aujourd'hui presque toutes les couleurs pour aquarelle sont solides et surtout les pigments organiques synthétiques ont une brillance et une luminosité qui conviennent spécialement à l'aquarelle.

Transparence et opacité.
L'effet principal de l'aquarelle est la transparence qui dépend du matériel spécifique et de la manière dont on l'utilise. Si vous mettez une couche d'aquarelle diluée sur un papier blanc, le papier jette une clarté qui devient moins forte selon l'épaisseur de cette couche et selon la dilution de la peinture. Si votre couche est épaisse et pâteuse, vous recouvrez entièrement le fond.

Il existe des pigments transparents comme du verre, d'autres opaques. Par contre, en diluant une peinture opaque, on peut obtenir la transparence et en épaississant une peinture transparente, un résultat couvrant.

Peinture opaque diluée

Peinture transparante épaissie

Conseils d'achat.
Les couleurs pour l'aquarelle de qualité supérieure sont chères, mais elles seules donnent un résultat, qui répond aux effets souhaités.
Il existe des couleurs d'aquarelle avec la mention « scolaire » ou « étudiant » qui sont d'une qualité inférieure : des substances de mauvaise qualité dénaturent l'intensité de la couleur, sa luminosité et surtout sa transparence ; résultat : l'aspect est laiteux.
Un autre inconvénient est la grande difficulté d'application, car les couleurs ne s'épandent pas bien. Si vous débutez, un bon résultat vous donne envie de persévérer, par contre, une image terne risque de vous décourager. Préférez donc des couleurs avec mention « artist quality » ou « artist's water colour » ou « extra fine artist ».

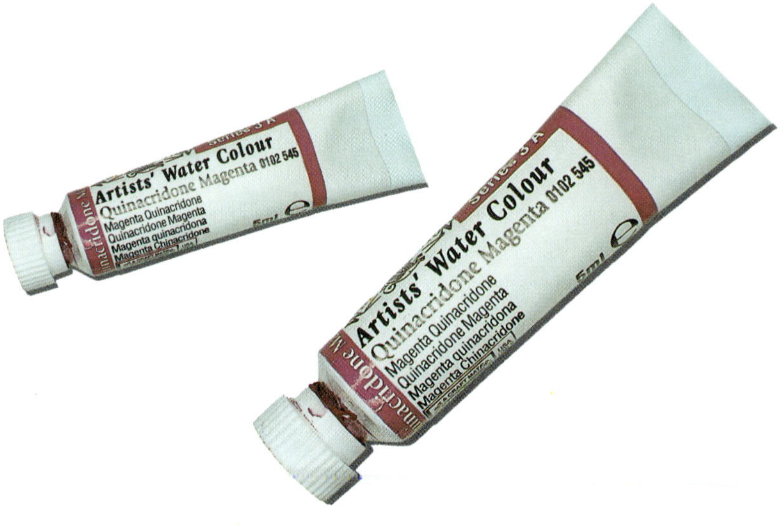

Elles se présentent en godets, très pratiques pour les petits travaux ou des esquisses rapides dans la nature car elles sont peu encombrantes.

On les trouve également en tubes de 5 à 25ml contenant d'avantage de glycérine ; elles sont plus solubles et mieux adaptées aux grands travaux mais moins pratiques pour travailler à la campagne (par exemple : perte des bouchons entre les herbes).

L'essentiel est le degré de résistance à la lumière, qui est en général symbolisé sur les étiquettes par des étoiles :

*** = excellent,
** = bon,
* = moyen ;

quant au pouvoir transparent ou couvrant, il vous sera révélé par la notice du revendeur. Pour faciliter le choix des couleurs, je vous conseille d'acheter une boîte de six ou maximum douze couleurs en godets de haute qualité. Pour faire des exercices de mélange vous aurez encore besoin des trois couleurs primaires :

- jaune azo clair ou jaune pur ou jaune de cadmium clair,
- rouge de quinacridone ou magenta permanent,
- bleu de phtalocyanine ou bleu de céruléum phtalo ou céruléum de hélio,
- et, pour terminer le noir d'ivoire.

Avec ça vous serez bien équipé. L'important, c'est d'avoir peu, mais de bonne qualité. Au fur et à mesure, selon vos besoins, après un peu d'expérience, vous pourrez élargir votre palette. Une autre manière de s'équiper c'est d'acheter une boîte métallique vide que vous pouvez remplir

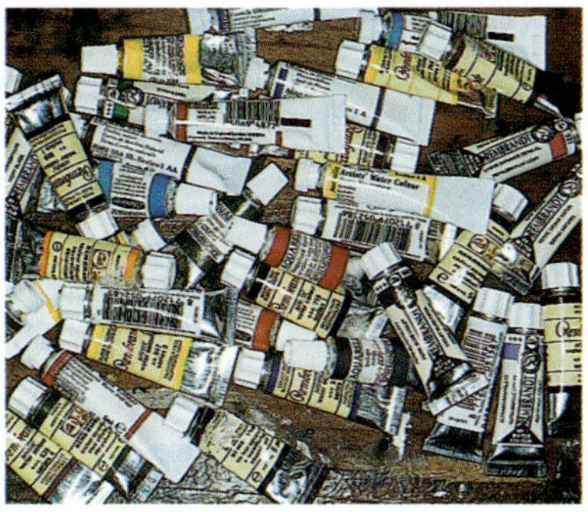

avec des godets de votre choix. Pour vous aider, je vous propose quelques couleurs solides :

Les jaunes :
- jaune azo et arylamide : *très transparent, lumineux,*
- jaune de cadmium : *opaque,*
- jaune citron : *transparent, permanent mais faible pouvoir colorant.*

Les rouges :
- rouge de cadmium : *semi-opaque, tendance orange,*
- rose permanent ou magenta permanent ou rouge quinacridone : *transparent, rose bleuté, utile pour les mélanges.*

Les bleus :
- bleu de phtalocyanine : *pur, transparent, utile pour les mélanges,*
- bleu de manganèse : *transparent, pur avec une tendance à granuler, très intéressant pour les textures,*
- bleu outremer : *semi-transparent, très éclatant, tendance à granuler,*
- bleu de cobalt : *tendance verte, excellent pour les lavis, car les pigments ne se séparent pas.*

Les verts :
- vert de phtalocyanine : *transparent, bien pour mélanger avec les « terres »,*
- oxyde de chrome : *très bon colorant, opaque, un peu terne.*

les terres :
elles sont toutes permanentes,
- jaune d'ocre,
- rouge indien,
- rouge clair,
- rouge de venise

plus épais, plus opaque.

- terre de sienne naturelle,
- terre de sienne brûlée transparent,
- terre d'ombre naturelle,
- terre d'ombre brûlée.

transparent

Les noirs et les gris :
- noir d'ivoire : *transparent, granuleux,*
- noir fusain,
- gris de Payne,
- gris neutre.

semi opaque.

le nom des couleurs peut changer suivant les marques et d'une marque à l'autre une même couleur peut donner des différences remarquables.

« Pourquoi pas le blanc ? » Patience ! Vous trouverez la réponse aux chapitres 2 « Le ton » et 5 « les techniques en complément ».

Les supports pour l'aquarelle

Pour l'aquarelliste le support à utiliser est presque exclusivement le papier. C'est important dans la mesure où le blanc du support contient la lumière, essentielle pour l'aquarelle.
Naturellement on peut aussi utiliser le coton, la soie, le parchemin ou un fond de plâtre sur support rigide. Mais l'effet le plus attirant d'une aquarelle c'est sa légèreté et dans ce cas le fond le plus adéquat, quand même … c'est le papier.

Les caractéristiques du papier aquarelle :

La matière première utilisée à la fabrication.
C'est-à-dire la constitution de la pâte : chiffon (coton, lin, chanvre) ou cellulose de bois, ou un mélange des deux.

Un papier de bonne qualité est de 100 % chiffon, sans résine, sans acides, ph-neutre et sans agents blanchissants.

Le procédé de fabrication.
Les papiers faits à la main, feuille par feuille, ont quatre bords frangés, une qualité supérieure, mais sont d'un prix élevé.

Les papiers faits à la machine, à la forme ronde en continu, ont deux bords frangés et deux coupés ; ils sont aussi de bonne qualité et d'un prix acceptable.

Le grammage.
C'est le poids du papier au mètre carré. Plus il est élevé, plus le papier est épais et dense, plus les prix grimpent, mais... la feuille gondole moins. Pour éviter le gondolage, le papier doit avoir 300 g/m^2 ou plus.

L'encollage.
Avant la pression, le papier doit passer dans un bain de colle (de la gélatine ou une colle animale). L'encollage détermine le degré d'absorption. Si la quantité de colle est trop importante, la peinture a du mal à sécher et forme des cernes indésirables.
Si elle n'est pas suffisante, le papier absorbe trop, la fraîcheur et la luminosité de la couleur disparaissent. Les couleurs deviennent blafardes, ternes et inertes.

La structure de surface.
Elle varie avec le mode de pression et détermine aussi le degré d'absorption.
Les papiers pressés à chaud sur des plaques mé
donnent l'aspect li
pressés à froid
sur du feutre donr
un grain fin, moyen ou rugueux (torchon).

La présentation.

Les feuilles individuelles :
Différents formats, selon les fabricants. Les plus courants sont :
- 50 x 65 cm (Raisin),
- 56 x 76 cm (Jésus),
- 60 x 94 cm (Petit Aigle),
- 64,8 x 101,6 cm (Double Raisin),
- 75 x 105 cm (Grand Aigle)

Le rouleau : De 1,13 x 9,15 m.

Les blocs :
Collés aux quatre bords ou avec spirale. Le format va de 10,5 x 15,5 cm à 46 x 61 cm.

Différents formats.

Tendre la feuille sur panneau.
Si la feuille a 300 g/m² ou plus, vous pouvez vous contenter de la tenir avec des punaises, des pinces ou avec une bande à masquer sur un support rigide (contreplaqué 5 mm).

Si la feuille est plus légère, il vaut mieux, pour éviter le gondolage, procéder selon la méthode suivante :

a. Passez la feuille sous le robinet ou humectez-la à l'éponge ou trempez-la dans une bassine (attention : pas de l'eau chaude pour ne pas endommager l'encollage), cette procédure dilate les fibres du papier.

b. Laissez bien égoutter la feuille ou mettez la entre des papiers absorbants ou des torchons.

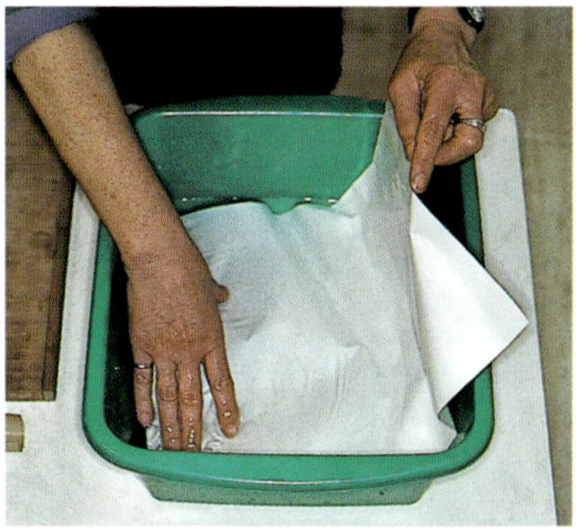

c. Posez la feuille encore humide sur une planche (contreplaqué au moins 5mm) et attendez que la feuille atteigne sa plus grande dilatation.

d. Fixez-la à l'aide d'un ruban gommé en papier kraft, tout le long des quatre bords. En séchant le papier se contracte. Il peut se produire une telle tension sur le ruban qu'il peut se déchirer ; dans ce cas, vous pouvez doubler le ruban kraft. C'est aussi la raison pour laquelle il ne faut pas forcer le séchage en mettant la planche près d'un chauffage, ni au soleil, ni la sécher au sèche-cheveux. La feuille doit plutôt sécher lentement et à plat.
Après cette procédure, vous obtenez une feuille parfaitement lisse, prête pour travailler.

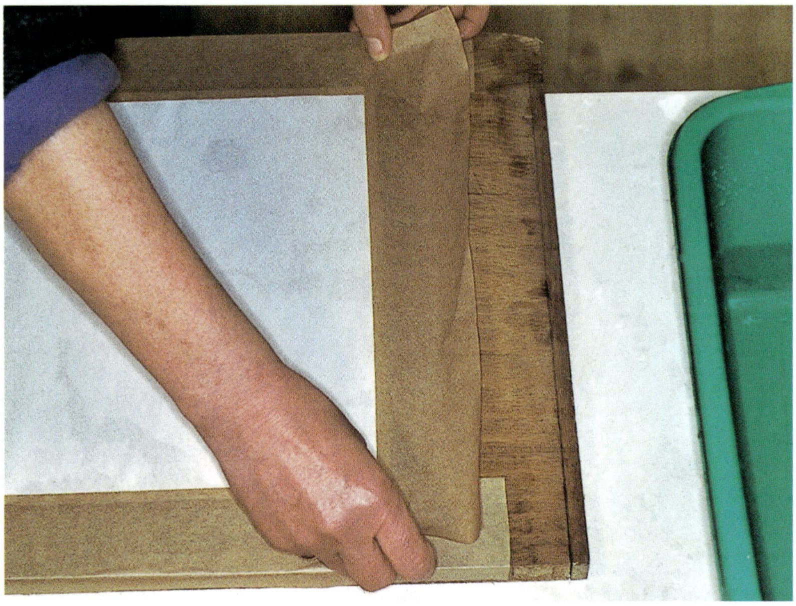

Fixation à l'aide d'un ruban kraft.

Feuille parfaitement lisse.

Votre aquarelle achevée et bien sèche, coupez la feuille au cutter, à ras du ruban kraft, ou, si vous voulez garder le bord, il faut humecter le ruban pour le décoller (assez difficile à réaliser). Toute cette procédure demande de la patience et une certaine habileté, mais en revanche, quel champ d'exploitation ouvert à la diversité des papiers !

Papiers extraordinaires, plus fins ou papiers tout venant de qualité inférieure.

Conseils d'achat.
Pour débuter, je vous conseille un bloc de format A4 (ou 18x26cm) et un A3 (30x40cm) avec un grain fin et de 300 g/m^2, de bonne qualité, 100 % chiffon, sans acides.

Vous apprendrez mieux sur un bon support.
Plus tard vous pourrez naturellement expérimenter d'autres papiers : plus lourds, plus fins (fixer !), plus lisses ou plus rugueux.
Tout dépendra, de vous d'abord, votre désir, des sujets et des techniques à traiter.

Pour un travail délicat et précieux (illustrations) choisissez un papier lisse ; pour des travaux plus libres, plus vigoureux, un papier plus rugueux et éventuellement d'un plus grand format.

Commencez avec un papier de bonne qualité pour avoir un bon résultat et après...

Expérimentez !

Les pinceaux

Un outil de peinture très important : *le pinceau !*
Il traduit le geste du peintre, son style, son tempérament. Le choix du pinceau dépend alors considérablement du travail du peintre, de sa conception, de son message.
La capacité d'absorption et l'élasticité sont les deux caractéristiques principales d'un pinceau pour aquarelle.
C'est-à-dire : le pinceau doit facilement absorber et retenir l'eau ou la peinture. Dans cet état mouillé la touffe doit rester bien compacte, gardant la pointe effilée et après chaque touche, retrouver sa forme initiale avec une belle pointe même si on appuie avec le « ventre » du pinceau.

Les pinceaux en poils de martre kolinsky pur répondent pleinement aux exigences précédemment citées.

Les pinceaux en poils de martre rouges (red sable) ne sont pas de même qualité que la martre kolinsky.

Les pinceaux en poils de petit-gris (écureuil de Sibérie) sont souples et absorbants, mais moins élastiques que les poils de martre.

Les pinceaux en poils d'oreille de bœuf sont plus forts et résistants, très nerveux mais la pointe n'est pas du tout parfaite.

Les pinceaux en fibres synthétiques sont élastiques et la pointe est excellente, mais la capacité d'absorption est très faible.

Il existe aussi des mélanges de plusieurs sortes de poils avec des fibres synthétiques dont les résultats ne sont pas négligeables.

Les pinceaux orientaux sont en poils de chèvre, daim, lapin ou loup. Ils sont longs et mous, d'extrême souplesse et absorbent bien la peinture, forment une belle pointe mais pour le débutant pas facile à manipuler.

La forme.
Le pinceau classique pour aquarelle est à touffe ronde.

Outre cela on peut utiliser des pinceaux à touffe plate, carrée ou arrondie, en forme d'éventail et de « langue-de-chat ».

La taille.
Les pinceaux ronds pour aquarelle sont disponibles en différentes tailles, dont l'épaisseur des poils est référencée de 00, 0, 1, 2, 3 etc... jusqu'à 14 pour les pinceaux en poils de martre et jusqu'à 24 pour certains autres.

Les brosses plates vont même jusqu'à 36.

L'entretien.
À la fin de chaque séance de travail, rincez les pinceaux à l'eau courante et froide. De temps en temps utilisez un shampooing doux, du savon noir ou savon de Marseille puis rincez jusqu'à ce que l'eau ne détienne plus de trace de couleur.

Redonnez leur forme avec les doigts, faites sécher à l'air, à plat ou verticalement, suspendu sur un porte pinceaux.
Les pinceaux peuvent êtres rangés et transportés dans une housse en paille (un set de table en bambou, peut servir).
(voir « autres accessoires »).

Conseils d'achat.
Préférez, à un éventail prolifique de pinceaux, qui ne fait pas nécessairement la qualité de l'aquarelle, quelques pinceaux de bonne qualité.

Je vous suggère de vous procurer un pinceau martre kolinsky pur n° 10 ou 12, un petit-gris pur n° 5 ou 6 et une brosse plate en un mélange de poils et fibres synthétiques n° 10, 12 ou plus.

Vous voyez, je vous incite à faire l'acquisition de pinceaux de meilleure qualité, non seulement pour leur durée de vie (à condition de respecter scrupuleusement les règles d'entretien qui précèdent), mais surtout parce que je suis convaincue que le débutant trouvera plus vite des satisfactions dans l'usage de tels outils de travail.

Si je vous propose des pinceaux de grande ou moyenne taille, c'est que vous n'avez pas besoin d'un petit pinceau.

Un pinceau de bonne qualité a une pointe bien effilée, suffisante pour faire des détails et avant tout, avec un grand pinceau, vous ne serez pas tenté de « pinailler », car l'aquarelle demande des gestes amples et généreux, spontanés et affirmés.

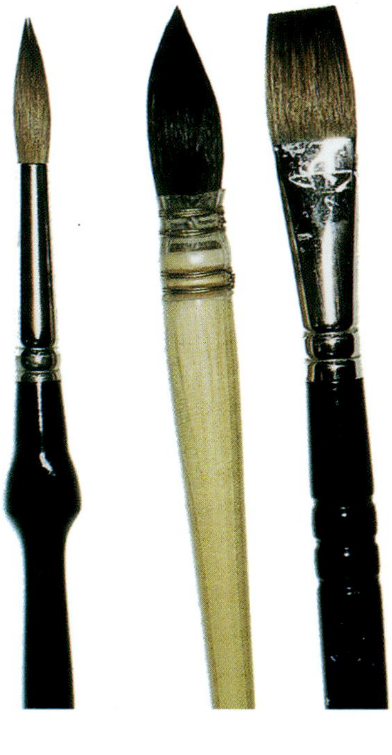

Autres accessoires

Les accessoires indispensables pour démarrer.

1. **Petite éponge naturelle :** pour humidifier le papier, pour laver et effacer, pour absorber.
2. **Papier buvard :** pour absorber.
3. **Carrée vaisselle ou éponge végétale :** pour tamponner le pinceau après rinçage.
4. **Chiffons ou rouleau de papier cuisine :** pour absorber l'eau ou la peinture et pour nettoyer après un accident.
5. **Papier d'esquisse (ou un bloc), crayon et gomme :** pour des croquis.
6. **Palette :** pour mettre la peinture et mélanger.
7. **2 récipients pour l'eau :** un pour rincer le pinceau et un pour diluer la peinture.
8. **Une planche à dessin :** pour fixer les feuilles ou comme support rigide pour travailler à l'extérieur.
9. **Des pinces ou des punaises :** pour tenir la feuille sur la planche.
10. **Feuille de papier d'aquarelle :** pour faire des essais de couleurs.

Les accessoires que vous prenez au fur et à mesure de vos besoins.

1. **Une natte :** pour protéger et transporter les pinceaux.
2. **Un porte pinceaux :** pour sécher les pinceaux.
3. **Un vaporisateur :** pour humidifier le papier ou la peinture séchée.
4. **Un sèche-cheveux :** pour accélérer le séchage (à utiliser avec prudence pour ne pas chasser la peinture).
5. **Un rouleau de ruban kraft pré-encollé :** pour tendre la feuille sur la planche.
6. **Gomme arabique :** médium pour augmenter la luminosité de la couleur.
7. **Fiel de bœuf :** médium pour mieux laisser couler la peinture, pour augmenter l'adhérence de la peinture et pour éliminer les traces de graisse laissées sur le papier par les doigts ou par la gomme.
8. **La gomme à masquer :** pour couvrir les parties qui doivent rester blanches.
9. **La glycérine :** retardateur de séchage.
10. **L'alcool :** accélérateur de séchage.
11. **Coton-tiges :** pour éclaircir certaines parties.
12. **Papier de verre :** pour donner des textures.
13. **Un carton à dessin :** pour ranger et transporter les feuilles.

Lieu de travail

Atelier
Réservez vous, dans la mesure du possible, un lieu fixe pour pouvoir travailler à tout moment. Il n'en faut pas beaucoup : une table, une bonne chaise avec dossier et un petit meuble avec tiroirs pour stocker le matériel, c'est suffisant.
Très important : la lumière. Une fenêtre ou une lucarne c'est parfait, à défaut une bonne lumière artificielle, bien placée pour ne pas être dérangé par les ombres.

Extérieur
Pour travailler à l'extérieur, il faut prévoir une planche à dessin comme support rigide et, si vous ne voulez pas vous asseoir par terre, une chaise pliante ou un tabouret. Pour travailler debout, il faut un chevalet de campagne avec inclinaison horizontale.
Surtout n'oubliez pas de prendre avec vous une bouteille d'eau pour remplir vos récipients et un sac ou un carton à dessin pour transporter vos blocs et vos feuilles.

Conclusion

Pour terminer ce premier chapitre, je vous répète encore une fois :

Pensez toujours à la qualité ; ce n'est pas nécessaire de vous procurer plein de choses, qui ne vous serviront jamais.
Installez vous, organisez vous avec l'essentiel à votre disposition et... qu'attendez-vous ? On commence !

Cercle chromatique.

1 = couleurs primaires
2 = couleurs secondaires
3 = couleurs tertiaires

2 *La couleur,*
théorie et pratique

Le mot « couleur » a deux significations :

La couleur comme matière *(Chapitre 1)*.
La couleur comme sensation produite par les radiations de la lumière sur l'œil, telles qu'absorbées ou réfléchies par les corps, objet de ce chapitre.
Grâce à la lumière, on perçoit les couleurs.
La lumière solaire est blanche. On peut la décomposer à l'aide d'un prisme, selon les couleurs du spectre : rouge, orange, jaune, vert, bleu, indigo et violet. Ce sont les couleurs de l'arc-en-ciel.

Si un rayon de lumière est projeté sur un objet, un corps, ceux-ci absorbent une partie de cette lumière, le reste est réfléchi et notre œil reçoit cette lumière réfléchie. L'objet lui-même est incolore et pour paraître coloré, il lui faut de la lumière.
Si toutes les couleurs de la lumière sont absorbées, on dit que l'objet est noir. Un objet est blanc si toutes les couleurs de la lumière sont réfléchies. S'il n'y a pas de lumière, la nuit par exemple, on ne peut pas distinguer les couleurs. On voit gris.
Le noir et le blanc ne sont pas vraiment des couleurs. Le blanc est lumière, le noir est ombre.
La vision clair-obscur (lumière/ombre, blanc/noir) est déterminée par les bâtonnets de la rétine ; la vision colorée par les cônes de la rétine. C'est-à-dire que le soir les cônes travaillent moins et on ne peut pas distinguer les couleurs. Elles apparaissent dans les tons gris.

Les couleurs changent selon le genre de la lumière, les objets sont perçus différemment à la lumière du soleil ou sous un éclairage artificiel.

Connaître quelques termes essentiels

La teinte.
Signifie le nom de la couleur (rouge, vert, bleu, etc...).

Les couleurs primaires.
Sont les trois couleurs qu'on ne peut pas obtenir par le mélange :

- le rouge magenta,
- le bleu cyan
- et le jaune primaire.

Avec ces trois couleurs on peut obtenir toutes les autres couleurs par mélange.

Les couleurs secondaires.
Sont les mélanges de deux couleurs primaires :
- orange (= rouge + jaune)
- vert (= jaune + bleu)
- violet (= bleu + rouge)

Les couleurs tertiaires.
Sont les mélanges d'une couleur primaire avec une couleur secondaire ou des trois couleurs primaires, ce qui revient au même :

- jaune-orangé,
- rouge-orangé,
- rouge-violet,
- bleu-violet,
- bleu-vert,
- jaune-vert.

Selon les proportions et les différences de pigments on peut obtenir plusieurs nuances.

Le cercle chromatique.
C'est un cercle sur lequel on dispose les couleurs primaires, secondaires et tertiaires.

Les couleurs primaires se situent à égale distance l'une de l'autre. Le jaune se trouve en haut, le violet en bas.
(Voir p. 18 et ci-dessous)

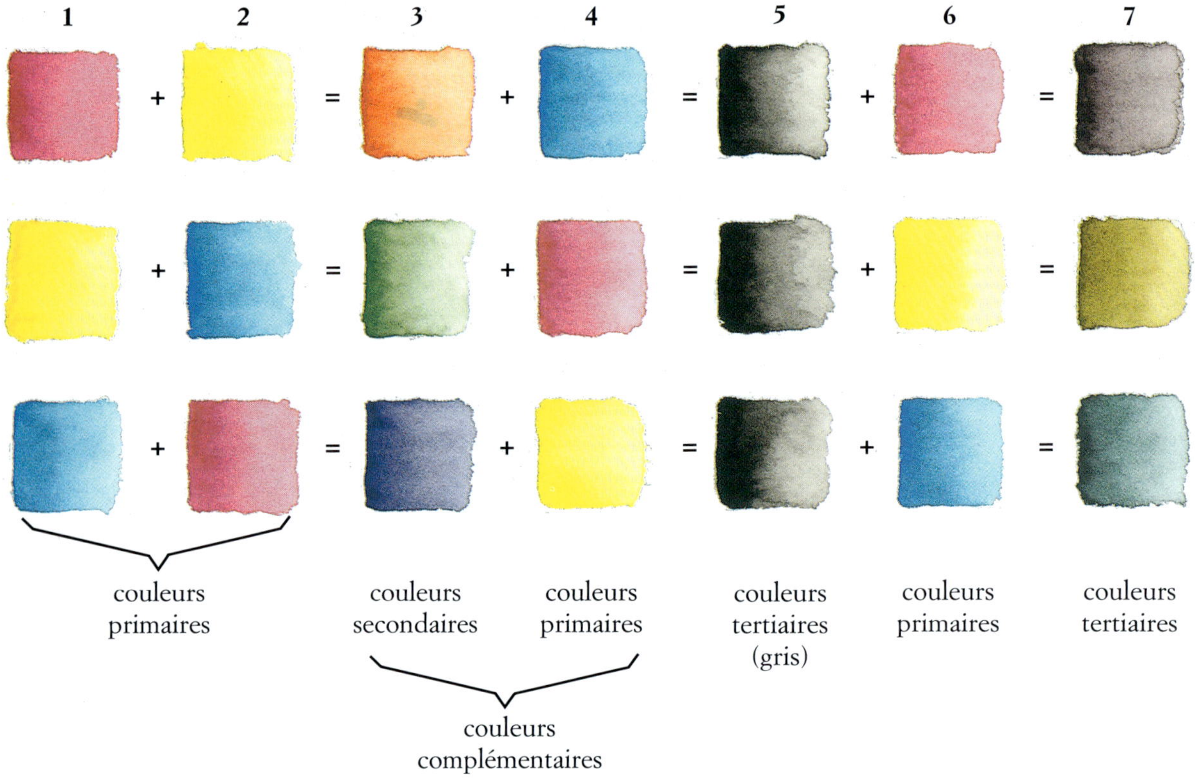

Le ton.
C'est le degré d'intensité ou de saturation d'une couleur.
A l'aquarelle on peut le diminuer :
- en ajoutant de l'eau (couleur atténuée),
- en ajoutant du blanc (ne se fait pas à l'aquarelle),
- en ajoutant du noir (couleur rabattue),
- ou en ajoutant sa couleur complémentaire (couleur rompue).

Attention ! l'intensité d'une couleur peut aussi être diminuée par l'utilisation d'un papier qui n'est pas blanc, des godets salis, des pinceaux mal rincés, de l'eau sale.

La tonalité.
C'est l'aspect clair ou sombre d'une couleur.
La gamme tonale du jaune est très restreinte, seulement trois tons jusqu'au blanc, parce que c'est une couleur très claire.
Le violet, par contre, qui est la couleur la plus sombre, a une grande gamme de tons jusqu'au blanc.

Le ton.

1 = couleurs pures, saturées,
2 = couleurs atténuées (= 1 + eau),
3 = couleurs rabattues (= 1 + noir),
4 = couleurs rompues (= 1 + couleur complémentaire).

La tonalité.

Les contrastes

Le contraste de la couleur en soi.
C'est le contraste entre deux ou plusieurs couleurs pures, dans leur plus forte luminosité.

Les couleurs primaires, couleurs non mélangées, expriment le plus fort contraste de la couleur en soi. L'effet de ce contraste est criard, puissant, net et vif, bariolé.
Les couleurs secondaires (vert, orange et violet) sont plus faibles et les couleurs tertiaires ont encore moins de force de contraste.

Le contraste clair-obscur.
Chaque couleur a son intensité lumineuse. Le jaune est une couleur claire, presque comme le blanc, le violet est une couleur obscure, presque comme le noir. juxtaposées, ces deux couleurs donnent un grand contraste clair-obscur.

Le contraste chaud-froid.
Les couleurs qui se trouvent sur le cercle chromatique, du jaune jusqu'au rouge-violet, sont considérées comme couleurs chaudes ; celles du jaune-vert jusqu'au violet, comme couleurs froides.
Le contraste chaud-froid donne en même temps le contraste proche-lointain.
Les couleurs chaudes sont proches, les couleurs froides semblent lointaines.

Le contraste complémentaire.
Sur le cercle chromatique, les couleurs complémentaires se trouvent exactement à l'opposé. Il n'y a qu'une couleur qui soit complémentaire d'une autre, par exemple :

jaune	↔	violet	→	(= rouge et bleu),
bleu	↔	orange	→	(= jaune et rouge),
rouge	↔	vert	→	(= jaune et bleu).

L'œil forme tout seul cette couleur complémentaire. Comme les trois couleurs primaires, deux couleurs complémentaires juxtaposées augmentent mutuellement le pouvoir lumineux. Mélangées, elles donnent un gris, donc elles se détruisent.

couleurs primaires

couleurs complémentaires

Si on utilise dans une aquarelle cette loi des complémentaires, on crée une image harmonieuse.

Vous pouvez faire des exercices de mélanges de deux complémentaires.
Si vous ne trouvez pas un gris neutre en mélangeant deux couleurs, c'est qu'elles ne sont pas complémentaires.
Si vous ajoutez, dans une couleur donnée, de plus en plus de couleur complémentaire, vous obtenez des tons qui s'accordent : des tons gris colorés merveilleux, que l'on retrouve dans la nature.

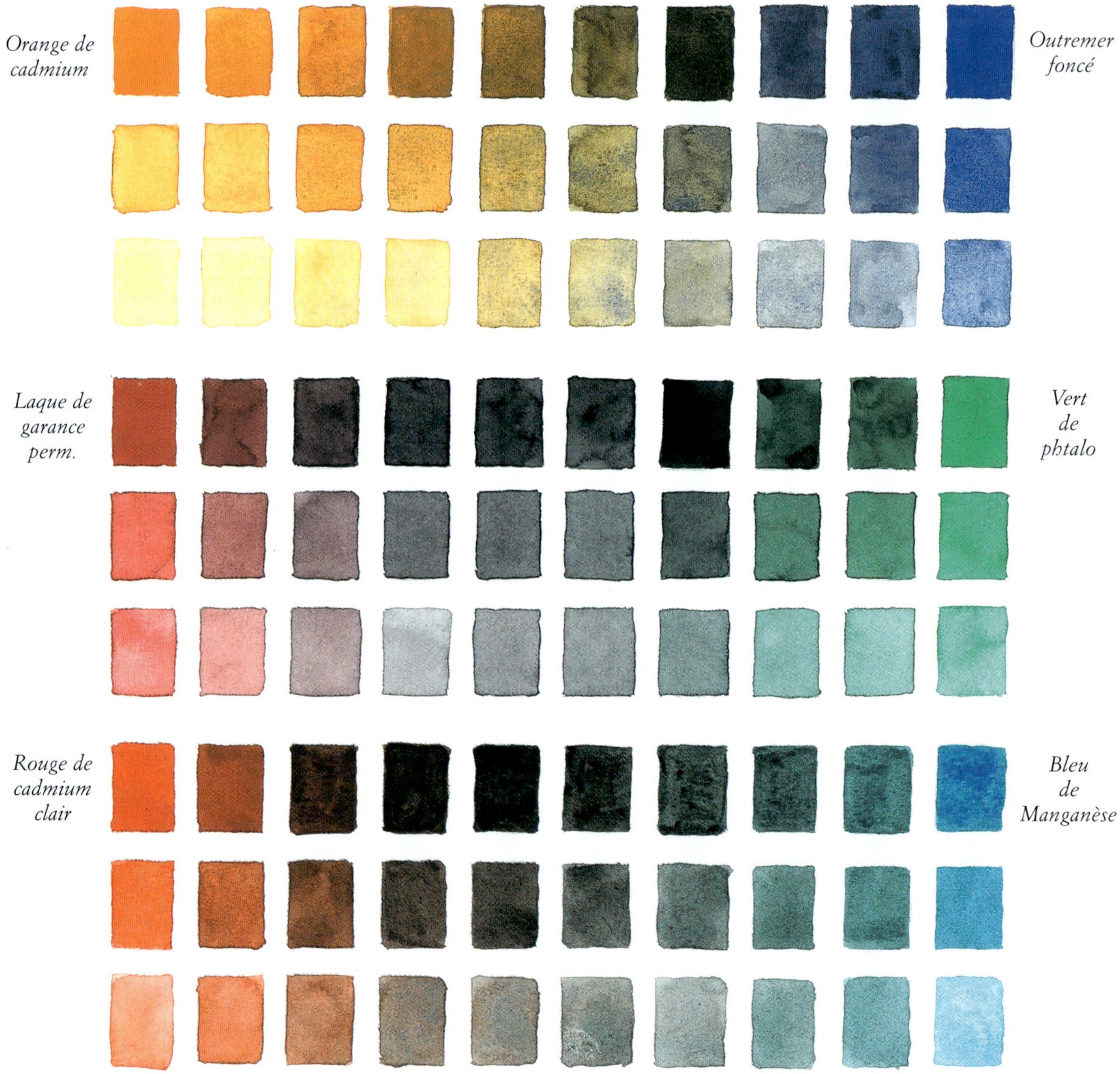

Mélange de couleurs complémentaires : *gris colorés.*

Le contraste simultané.
Chaque couleur engendre en même temps (simultanément) sa couleur opposée (complémentaire).
C'est un phénomène qu'on ne peut pas photographier. Il n'existe pas réellement, ça se passe dans l'œil et provoque une sensation d'irritation et de vibration.
Ce phénomène est évoqué entre une couleur pure et un gris, mais aussi entre deux couleurs qui ne sont pas tout à fait complémentaires. Chaque couleur pousse l'autre vers sa couleur complémentaire.
Elles perdent leur réalité et commencent à provoquer des vibrations. Le contraste simultané donne un déséquilibre, une excitation dynamique, des effets irréels. *(voir aquarelle déséquilibre rouge vert p.26.)*

Le contraste de qualité.
C'est le contraste entre une couleur pure, intense, saturée et une couleur atténuée, rompue ou rabattue.
(voir § Le ton)

Le contraste de quantité.
C'est le contraste qui concerne les grandeurs et la quantité de deux ou plusieurs taches de couleurs.
La force d'effet d'une couleur est déterminée par sa luminosité et la surface qu'elle occupe dans un tableau.
Le jaune a la plus grande force lumineuse. Il est suivi par l'orange.
Ensuite viennent le rouge et le vert de même luminosité. Le bleu suivi par le violet sont les plus sombres.
Pour avoir un effet harmonieux, équilibré, on considère le rapport quantité-luminosité de la manière suivante :

- jaune = 3
- orange = 4
- rouge = 6
- violet = 9
- bleu = 8
- vert = 6.

Par exemple : si on met une tache jaune avec une tache violette, la tache violette doit avoir 3 fois la grandeur du jaune, un bleu, le double d'un orange et le vert et le rouge la même grandeur.

Si par contre on veut avoir un effet plus expressif, plus dynamique dans une composition, ces rapports peuvent être modifiés pour donner plus d'importance à une certaine couleur.

La quantité choisie dépend du sentiment et du goût individuel de l'artiste.

Équilibre exact.

Déséquilibre, mouvement.

Contraste de quantité : déséquilibre rouge-vert
+
contraste simultané : déséquilibre rouge et vert, ici non complémentaires.

Contraste de quantité.

Classer les couleurs dans le cercle chromatique

Si vous avez une boîte contenant plusieurs couleurs, il faut que vous vous familiarisiez avec cette palette de couleurs.
Observez bien encore une fois le cercle chromatique (les couleurs primaires, secondaires et tertiaires).
Essayez de trouver pour chaque couleur de votre palette, leur place dans le cercle chromatique.
Essayez de faire un cercle chromatique avec vos couleurs, cela vous permettra de comprendre les rapports entre les couleurs.
Par exemple : les couleurs chaudes et froides, les couleurs complémentaires etc…

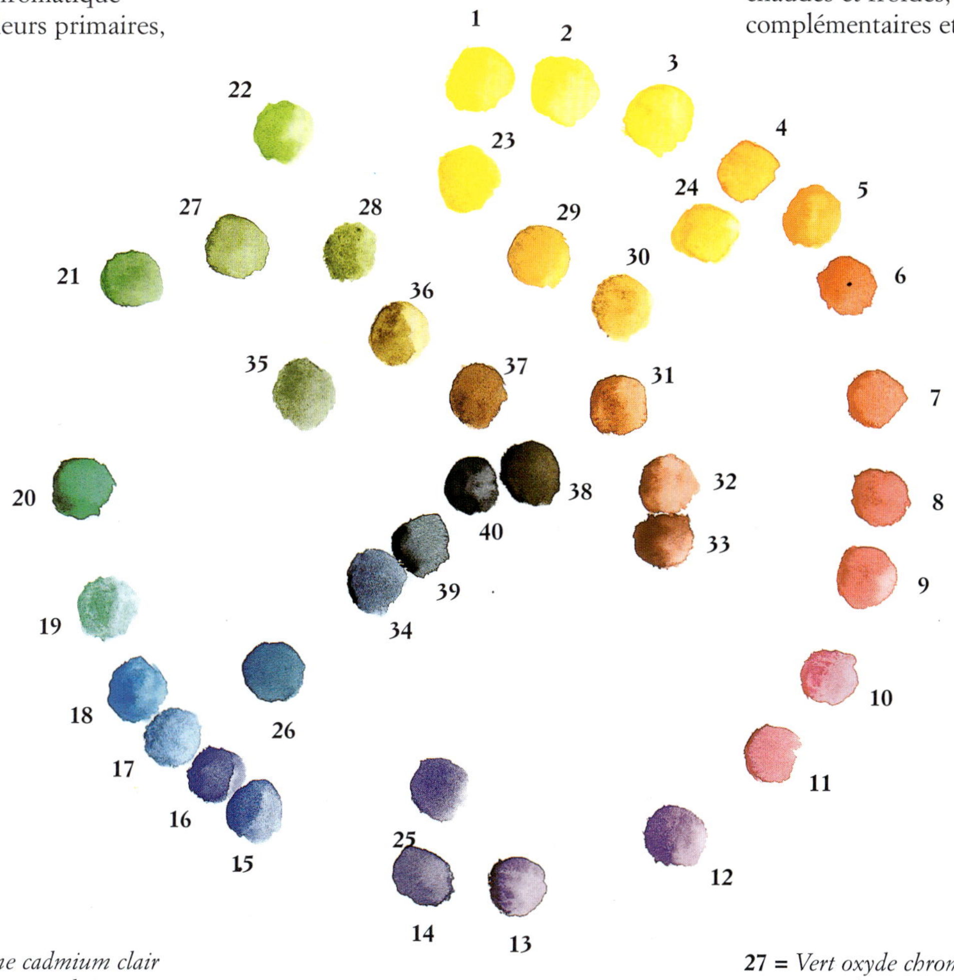

1 = *Jaune cadmium clair*
2 = *Jaune azo clair*
3 = *Jaune azo moyen*
4 = *Jaune azo foncé*
5 = *Orange cadmium*
6 = *Rouge cadmium clair*
7 = *Rouge cadmium foncé*
8 = *Laque garance perm.*
9 = *Laque garance clair*
10 = *Rose quinacridine*
11 = *Violet rouge perm.*
12 = *Violet cobalt*
13 = *Mauve*
14 = *Violet bleu perm.*

15 = *Bleu outremer*
16 = *Bleu cobalt*
17 = *Bleu céruléum*
18 = *Bleu céruléum phtalo*
19 = *Vert cobalt*
20 = *Vert phtalo*
21 = *Vert hooker clair*
22 = *Vert jaunâtre*
23 = *Jaune auréoline*
24 = *Jaune indien*
25 = *Outremer violet*
26 = *Bleu de prusse*

27 = *Vert oxyde chrome*
28 = *Vert olive*
29 = *Ocre jaune*
30 = *Terre sienne nat.*
31 = *Terre sienne brûlée*
32 = *Rouge anglais*
33 = *Rouge de venise*
34 = *Bleu indanthrène*
35 = *Terre verte*
36 = *Terre d'ombre nat.*
37 = *Terre d'ombre brûlée*
38 = *Sépia*
39 = *Indigo*
40 = *Teinte neutre*

Faites des dégradés avec chacune de vos couleurs.
Les mêmes couleurs peuvent être différentes selon les fabricants. Découvrez les couleurs opaques et transparentes.

Faites vos essais sur votre papier aquarelle pour bien voir l'effet de la couleur.

Bleu céruléum phtalo

Bleu de cobalt

Outremer foncé

Vert phtalo

Vert oxyde de chrome

Ocre jaune

Terre de sienne naturelle

Terre de sienne brûlée

Terre d'ombre naturelle

Terre d'ombre brûlée

Jaune de cadmium clair

Jaune azo clair

Rouge de cadmium clair

Rose quinacridone

Quelques exercices de mélange

Pour connaître les couleurs, il faut savoir leur comportement en les mélangeant.
Vous pouvez faire un nuancier comme je vous le présente ici.
Faire un tel tableau de couleurs c'est, premièrement, un bon exercice ; mais surtout cela vous servira, par la suite, pour identifier les différents tons de couleur.
Faites un échiquier et posez vos couleurs sur la première ligne verticale et la première ligne horizontale, dans le même ordre.
Mélangez chaque couleur entre elles. Dans le tableau p. 29, les couleurs sont mélangées en quantités égales : 50/50.

Couleurs mélangées en quantités égales.

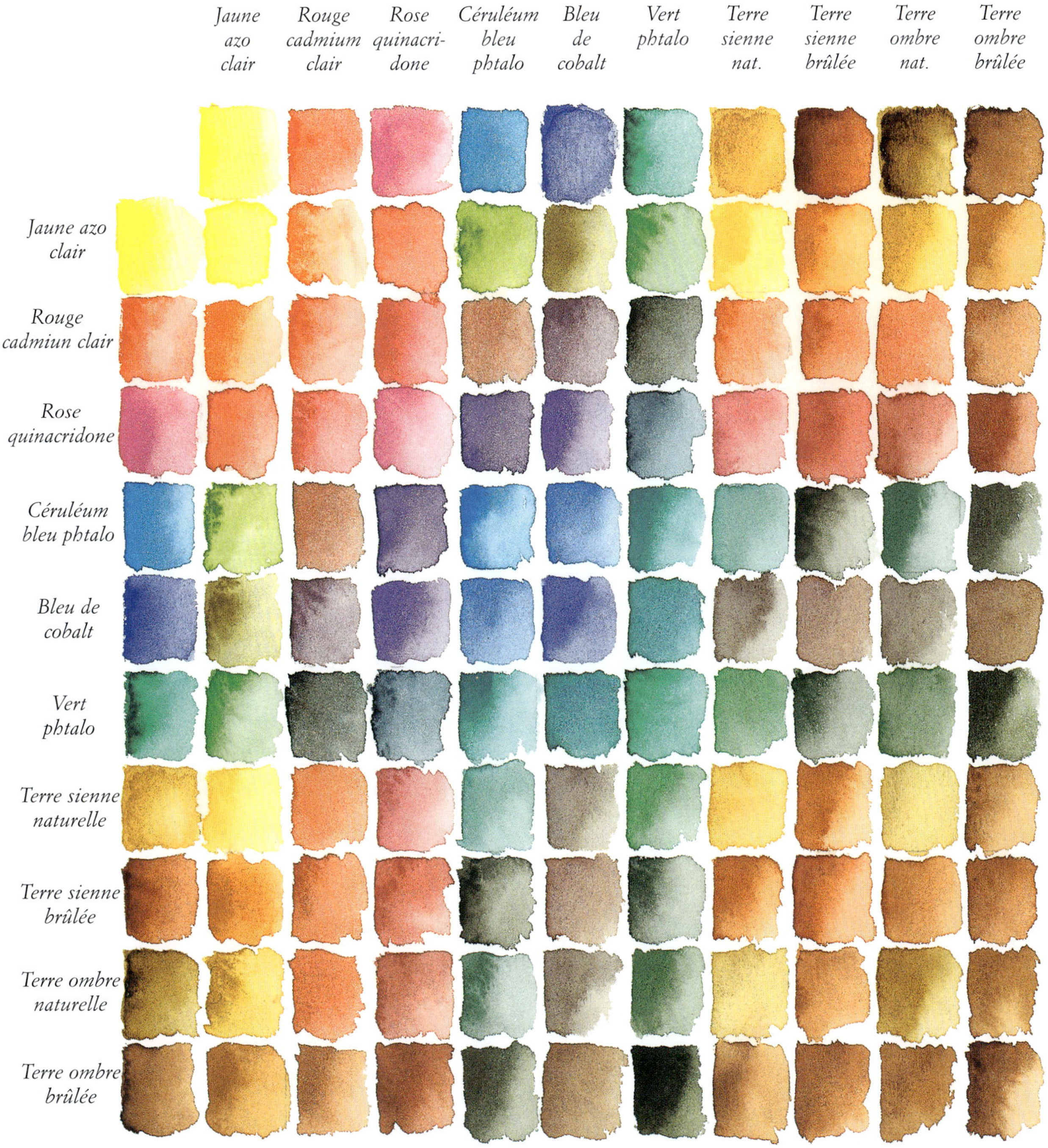

Bien sûr, on peut nuancer à l'infini en variant les proportions et les dilutions.

Ici un exemple de rouge de cadmium avec un vert de phtalo et un autre exemple avec trois bleus et trois rouges différents.
(voir aussi page 24)

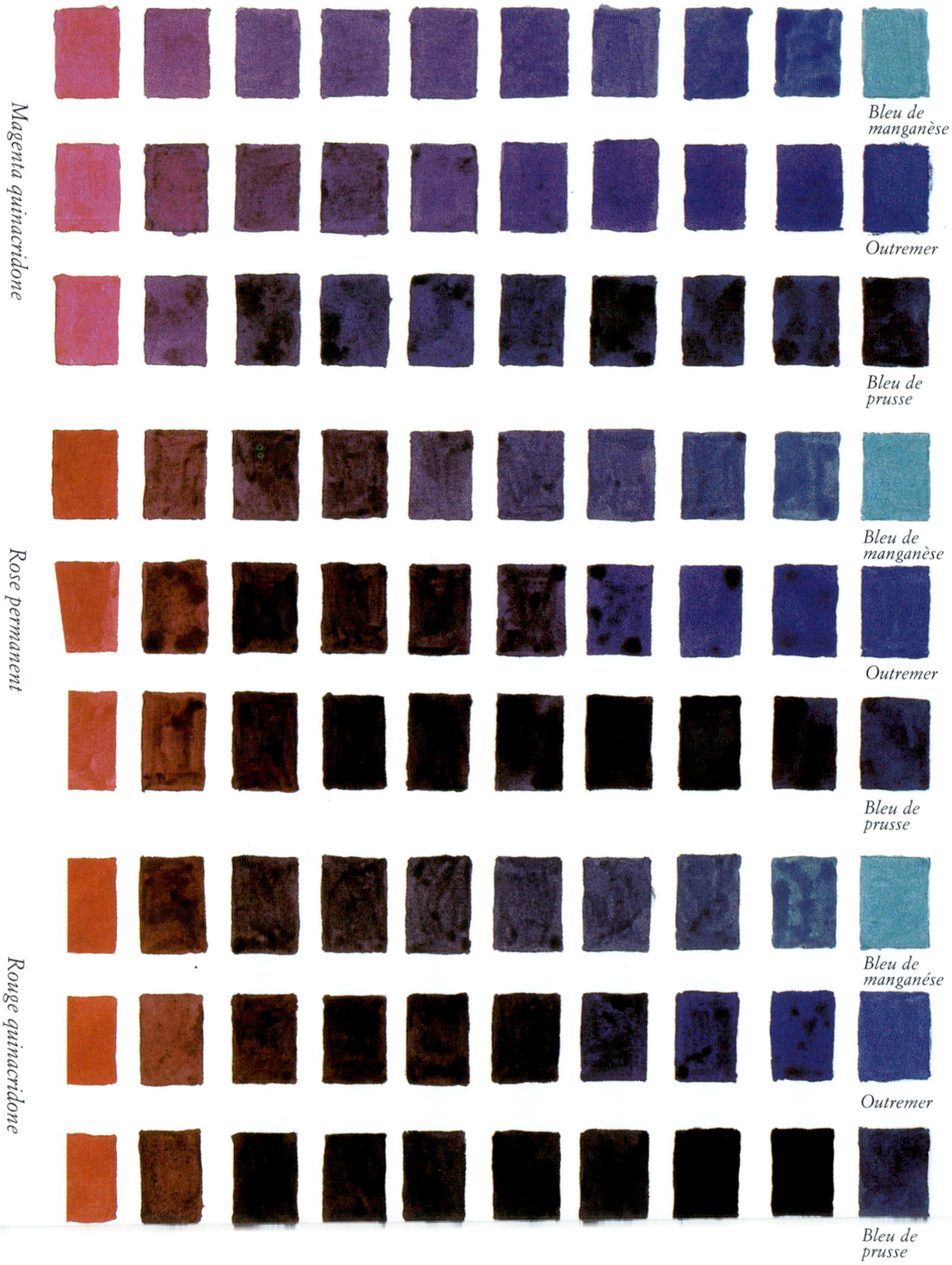

Vous voyez ces créations de couleurs ! C'est quand même miraculeux, ne trouvez-vous pas ?

Vous pouvez alors vous amuser en faisant plusieurs planches de cette façon ou vous pouvez aussi faire des mélanges mouillé sur mouillé, comme dans l'exemple ci-contre :
Vous laissez couler les couleurs toutes seules au lieu de les mélanger auparavant sur la palette. Là vous allez découvrir une grande palette de couleurs. *(voir aussi p 45)*

Faites ces exercices, ils vous permettront de ne pas procéder n'importe comment pour obtenir le ton souhaité.

Vous ne gaspillez pas vos couleurs en cherchant le ton voulu, puisque vous connaissez le mélange qu'il faut.

Gardez vos planches de mélanges toujours à portée de main, accrochées dans votre atelier pour vous y référer en permanence.

Vert phtalo et cadmium rouge.

Trois couleurs encore humides sur papier sec.

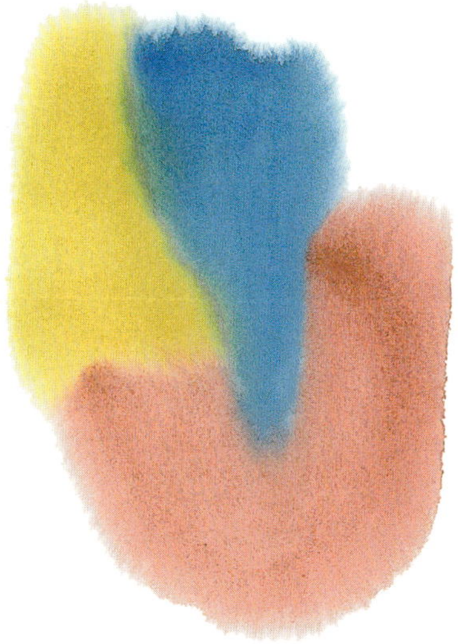

Trois couleurs sur papier humide.

Faire une palette personnelle

Après avoir fait plusieurs tableaux, vous verrez quelles sont les couleurs que vous utilisez le plus et quels sont les mélanges que vous faites régulièrement. Vous avez votre palette personnelle.
A ce moment là, vous pouvez élargir le nombre des couleurs ou remplacer les couleurs que vous n'utilisez pas.
Vous pouvez naturellement continuer à faire vos mélanges.
Si vous le souhaitez, il existe certains mélanges de couleurs tout prêts.

Ne mélangez jamais plus de trois couleurs ! Sinon vous courez le risque de perdre en luminosité et d'obtenir des tons ternes.

Taches élégantes, passionnantes, vives.

3 *Manier le pinceau*

Après les couleurs, vous allez, à présent, faire connaissance de l'outil principal : le pinceau.

Une aquarelle vit de la manière dont on a posé les couleurs sur le papier.
Le but n'est pas de pré-dessiner et ensuite de remplir les surfaces avec des couleurs.
Les traces du pinceau apportent l'attrait à un tableau. Elles portent la griffe de l'artiste, son « écriture », son âme.

On distingue l'habileté avec laquelle l'artiste manipule le pinceau.
C'est pour cette raison que je vous propose de faire quelques exercices.

Mettre des taches

Mettez sur le papier, d'un mouvement léger, lentement puis de plus en plus vite, de grandes et petites taches, de plusieurs formes et couleurs, dans différentes directions.

Posez-les selon un rythme. Vous pouvez écouter une musique en même temps.

Essayez d'obtenir des taches élégantes, passionnantes, vives. Il ne faut pas tamponner avec le pinceau mais étirer la couleur d'un geste fluide.

(Voir aquarelle de gauche)

Tirer des lignes

En peinture, on peut utiliser des lignes, pas seulement pour donner un aspect graphique, mais une concentration de lignes peut former une surface de

couleurs et des lignes larges peuvent présenter des taches et même des formes.

Tirez des lignes fines avec la pointe du pinceau en le tenant un peu verticalement et ensuite, appuyez avec le corps du pinceau en l'inclinant légèrement, vos

lignes deviennent plus larges. Apprenez à maîtriser la quantité de couleur qu'il faut prendre

pour tirer une ligne. Il ne faut pas revenir sur un geste, on perd la spontanéité du trait. Mettez du mouvement dans les lignes, du rythme : jouez avec la

pointe du pinceau, ensuite avec le corps et de nouveau la pointe.

Du mouvement dans les lignes.

Appliquer des surfaces

Appliquer la peinture uniformément, d'un coup, sur une surface, exige de la pratique. Il faut manipuler le pinceau rapidement, généreusement et avec allure et sans interruption.

Le pinceau doit être bien rempli, car si l'on n'arrive pas d'un seul coup, l'aquarelle perd sa spontanéité.
Je vous répète encore une fois, l'aquarelle demande des gestes amples et généreux, ce n'est pas anxieusement colorier un espace limité.
Une surface badigeonnée ou barbouillée de plusieurs couches de taches discontinues, manque d'entrain, d'élan.

Expérimenter les différents pinceaux

Les exercices que je vous ai proposés peuvent être réalisés avec des pinceaux de différentes matières.
Vous allez connaître leur comportement.
Si vous possédez des pinceaux de mauvaise qualité, par exemple les pinceaux « scolaires », etc..., vous sentirez la différence avec des pinceaux de qualité supérieure, notamment en ce qui concerne la pointe, le pouvoir d'absorption et d'élasticité.

Papier sec - Papier humide

Si vous travaillez sur un papier sec et faites des superpositions de taches (en laissant sécher entre chaque couche), vous remarquez que la couleur dessous est toujours visible. Cette technique s'appelle « le glacis ».

Papier sec.

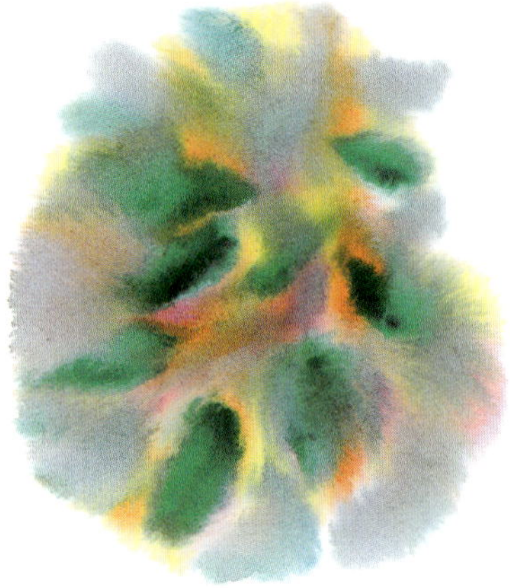

Papier humide.

Si vous humectez le papier, les effets sont différents, les couleurs se fondent entre-elles.
On ne peut pas avoir l'effet de glacis, si on travaille sur du papier humide.

Vous pouvez, en même temps, tester des papiers de différentes qualités, grain, etc...

Expérimenter sans faire des « œuvres d'art »

Il faut savoir que vous ne faites, pour le moment, que des exercices.
Il ne faut pas penser créer une « œuvre d'art ».

Ce n'est pas essentiel pour l'instant.

Laissez glisser vos pinceaux, mettez de la musique, fermez les yeux et ne pensez pas au résultat, ne soyez pas exigeant.

Concentrez vous sur le pinceau et votre main.
Vous pouvez, par contre, mettre les couleurs plus consciemment.

Choisissez par exemple une composition avec les couleurs chaudes et froides, les couleurs complémentaires, le contraste de qualité et de quantité

(voir chapitre 2)

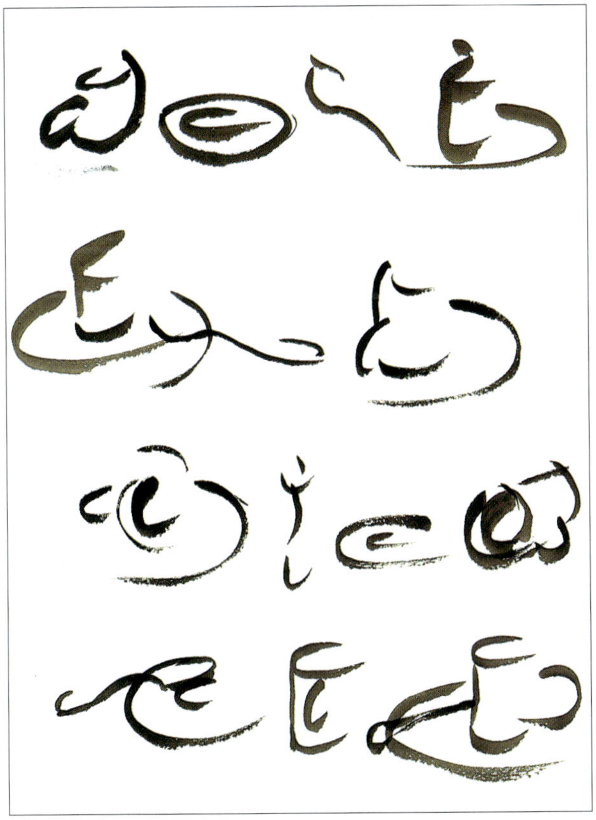

Traces vivantes, comme une écriture.

Jouer avec le corps du pinceau : cruche et pomme.

Ensuite, vous pouvez essayer de représenter quelques objets avec le pinceau (votre tasse de café, par exemple).

Pensez toujours que vos traces de pinceau restent vivantes, aisées, comme une écriture, une calligraphie.

Bien sûr il n'y a pas de règles fixes, mais pour arriver à maîtriser la conduite du pinceau, il faut acquérir une certaine habileté qui ne vient seulement qu'avec l'expérience et la répétition des exercices.

Plus tard, avant chaque séance, vous pourrez faire quelques exercices avec le pinceau, en écoutant de la musique, les yeux fermés, pour vous concentrer et en même temps détendre et assouplir vos mains.

Technique du glacis.

4 *Les techniques*
de l'aquarelle

Superposition de couches.

Vous voilà libéré des contingences matérielles. Mais STOP !

Ne vous lancez pas encore dans la peinture de paysage ou autres ! Il vous reste à faire l'apprentissage des techniques essentielles de l'aquarelle. Trois techniques sont importantes : le glacis, le lavis et le mouillé-sur-mouillé.

Le glacis

Dans la technique du glacis, les couches de couleurs appliquées sur un support sec doivent être très fines.

La superposition de ces couches, après séchage, laisse transparaître l'éclat du papier blanc qui donne la luminosité à la couleur. Vous pouvez essayer cette technique.

Il est très important de respecter le temps de séchage entre deux couches de couleur. Alors patience ! Appliquez chaque couche avec légèreté car il ne faut pas dissoudre celle que vous recouvrez. Ne prenez donc que très peu d'eau. Ce n'est pas difficile et voyez vous-même, quel merveilleux résultat !

Les mélanges par superposition de couleurs ont un aspect différent des mélanges réalisés sur palette.

On peut obtenir de très beaux effets. Découvrez les !

(Voir aussi aquarelles p. 23 le contraste chaud et froid et p. 36 le papier sec)

Pour obtenir le vert avec du jaune et du bleu.

Mélange sur une palette. — *Mélange sur le papier humide.* — *Mélange par superposition.*

Le lavis

Le mot lavis annonce déjà que cette technique nécessite plus d'eau.
Les couleurs s'écoulent, se fondent dans l'eau ou dans une autre couleur.
Pour faire un lavis régulier, il faut s'exercer un peu. Je vais vous montrer par quelques exemples comment maîtriser cette technique.

Lavis uniforme.

Lavis dégradé du foncé au clair.

Lavis dégradé du clair au foncé.

Le lavis uniforme d'un seul ton sur papier sec.

- Tracez quelques carrés de 15x15 cm.

- Préparez suffisamment de couleur pour être sûr que vous pourrez couvrir la surface du carré.

- Prenez le grand pinceau rond (ou une brosse plate).

- Votre feuille ne doit pas gondoler, donc faites attention qu'elle soit bien tendue.

- Inclinez un peu votre planche ou votre bloc.

- Chargez bien votre pinceau (sans qu'il goutte) avec la peinture plus ou moins diluée, ce n'est pas important.

- Tirez des bandes horizontales de gauche à droite.

- Pour éviter le surplus à la fin de chaque bande, tournez légèrement le pinceau.

- La bande suivante doit chevaucher légèrement la bande précédente pour, en même temps, absorber l'excès de peinture.

- Le pinceau doit toujours être bien chargé pour une tonalité uniforme.

- Arrivé en bas, tamponnez votre pinceau sur un chiffon ou une éponge et absorbez l'excès de peinture avec le pinceau.

N'appuyez pas trop, laissez glisser le pinceau légèrement sur le papier. Le mouvement doit être sûr et rapide.

Si votre papier contient trop d'apprêt, cela peut provoquer une irrégularité que vous pouvez éviter en ajoutant une goutte de fiel de bœuf à votre couleur.

Une raison d'irrégularité peut être aussi le fait que vous avez trop touché le papier avec vos mains ou souvent aussi, que vous avez utilisé votre gomme.

Ne perdez pas courage, si vous n'arrivez pas dès la première fois, vous vous améliorerez en faisant plusieurs essais.

Le lavis sur papier humide.
Humectez préalablement le papier avec une éponge, mais faites attention que le papier ne gondole pas, donc utilisez un papier assez fort et bien tendu.

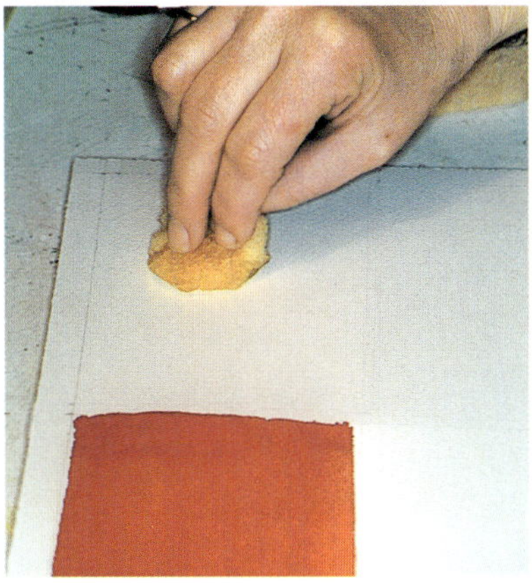

Appliquez un lavis rapidement et ensuite inclinez le bloc ou la planche en tous sens pour que la couleur puisse s'épandre régulièrement.
Vous pouvez absorber l'excès de peinture avec une éponge ou un chiffon.
Le lavis sur papier humide sera moins brillant que celui sur un papier sec.

Le lavis dégradé.
Pour un lavis dégradé du foncé au clair, travaillez de la même façon que pour le lavis uniforme. Sauf, au lieu de reprendre la même peinture, préparez par avance plusieurs dilutions et vous finissez avec de l'eau.

Il ne faut pas trop d'eau, cela dilue trop vite la peinture : les pigments glissent vers le bas.
Il ne faut pas non plus appliquer la peinture trop sèche pour ne pas avoir des raccords trop irréguliers.

On peut naturellement aussi faire un lavis dégradé du clair au foncé.
Cela peut mieux vous convenir parce qu'on commence avec de l'eau propre et ensuite on passe des bandes avec de plus en plus de peinture.

Les pigments peuvent dans ce cas-là descendre vers le bas.

Essayez les deux !

Le lavis avec deux couleurs.
Vous pouvez maintenant essayer le lavis avec deux couleurs.
Préparez les par avance, car, pour qu'elles se fondent, il ne faut pas laisser sécher la première couleur avant d'appliquer la deuxième.

Dans le premier exemple, les couleurs sont appliquées avec peu d'eau, vous voyez un fondu doux, velouté.

Dans le deuxième exemple, les couleurs, appliquées plus humides, subissent dans leur zone de rencontre, un phénomène d'osmose, d'interpénétration.

N'oubliez pas que vous devez faire des essais tout le temps. En réalisant vous-même ces exercices vous comprendrez mieux ce que je vous raconte !

Et maintenant, prenez une troisième couleur et ... Amusez-vous !

Lavis dégradé en deux couleurs fondues au milieu avec des taches d'une troisième couleur dans le lavis humide.

Lavis dégradé de deux couleurs avec distance au milieu, avec des taches d'une troisième couleur, qui se fond dans la couleur du haut qui était encore humide.

Lavis dégradé écarté. Laisser les blancs en réserve.

Le mouillé sur mouillé

Vous voyez l'eau est toujours en jeu. Cette fois-ci, elle devient encore plus importante !

Le mouillé-sur-mouillé c'est l'application d'une couleur sur un papier humidifié soit avec de l'eau, soit avec un lavis.

On obtient des effets spontanés, parfois mal contrôlés, qui demandent une certaine maîtrise qu'on ne peut obtenir que par la pratique, comme pour le lavis.

Plus vous testerez en jouant le comportement des couleurs en les mettant dans une surface colorée et aqueuse, ou simplement humidifiée, mieux vous apprendrez à maîtriser ces effets qui se font par hasard.

Vous serez toujours étonné qu'il se passe des choses imprévues, parfois indésirables.

Effet avec une couleur.

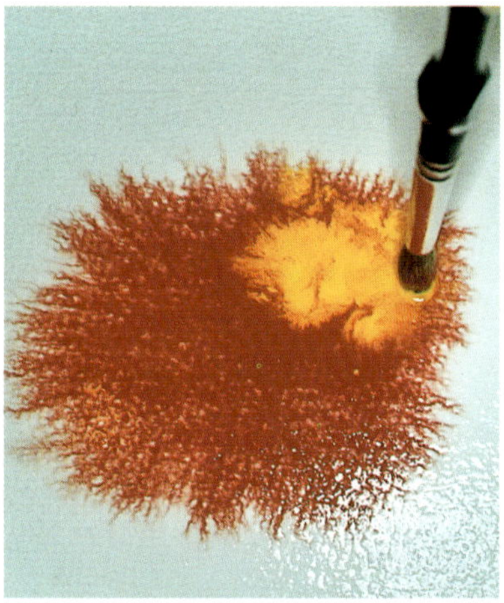

Effet avec deux couleurs.

Effet avec trois couleurs.

Il faut utiliser un papier assez lourd.

Comme vous pouvez l'observer dans l'exemple ici, une aquarelle en technique mouillé-sur-mouillé a toujours un effet plus frais, plus coloré et a plus d'attrait quand c'est encore humide.

En séchant, les couleurs deviennent plus claires. Commencez donc avec des tons plus vifs.

Laissez-vous aller et laissez surtout aller vos couleurs ! N'essayez pas d'intervenir ! Retenez-vous et observez le miracle !

Le résultat sera meilleur. Les pigments laissent des traces aléatoires qui peuvent être intéressantes.

Des bandes colorées, peuvent suggérer des paysages. Des petites touches, peuvent suggérer des arbres à l'horizon.

Vous voyez, peu à peu vous commencez à avoir du plaisir. Vous n'avez plus peur de mettre les couleurs. Vous avez découvert beaucoup d'effets et de surprises. Continuez !

Aquarelle : mouillé sur mouillé.

5 « *Les techniques* »
en complément

Je mets le mot « technique » entre guillemets parce qu'on ne peut pas toujours parler de technique dans tous les cas.

Vous venez d'apprendre les trois techniques principales, passons maintenant aux « astuces » et « effets spéciaux ».

Laisser les blancs en réserve

En aquarelle, on ne peut pas appliquer de surfaces blanches supplémentaires sur la couleur. Pour obtenir des blancs dans une aquarelle, la méthode classique est de laisser, comme formes négatives, les endroits prévus à cet effet.
La couleur est seulement traitée sur les surfaces attenantes.
(voir aussi aquarelle p. 43, le lavis dégradé écarté)

Laisser les blancs en réserve.

Laisser les blancs en réserve, ensuite passer un lavis bleu sur le tout.

Surtout ne dessinez pas les contours de ces formes négatives au pinceau ! Ces traces ne pourront plus être intégrées dans le tableau.

Cette méthode peut être appliquée dans un paysage, par exemple : pour les nuages, les maisons ensoleillées *(voir aquarelle p 72)*, etc… ou dans une nature morte pour les lumières éclatantes sur des objets qui brillent *(voir aquarelles la cruche p. 66, et p. 74 la transparence)*, ou dans un bouquet, pour les fleurs blanches.
Après séchage, on peut également couvrir le blanc avec

Traces blanches qui servent de points lumineux.

une autre couleur ou un lavis. *(voir aquarelles p. 47 et 70)*

Parfois en faisant un lavis, on a, par la vitesse d'application, oublié de petits endroits qui donnent des traces blanches. N'essayez pas de les reprendre : elles donnent plus de spontanéité à votre aquarelle et servent de points lumineux.

(Aquarelles ci contre et voir aussi aquarelle p. 22, le contraste clair obscur)

La granulation

Maintenant, je veux vous montrer que l'on peut également, en appliquant la peinture avec un pinceau sec, sur un papier plus rugueux (torchon), obtenir des endroits blancs puisque le pinceau n'a pas touché les creux du papier.

Les blancs produits de cette manière là peuvent donner des structures, par exemple : pour des rochers, un mur, de l'eau, du bois, etc...
Cette méthode s'appelle : la granulation.

Vous pouvez également obtenir des blancs en enlevant la peinture. Pour cela il existe plusieurs procédés :

Aquarelle granulée.

Laver et absorber

Si la peinture est encore un peu humide, on peut, avec le pinceau et de l'eau pure, laver les endroits qu'on désire blanc.
Ensuite on absorbe la peinture avec le pinceau, l'éponge, un chiffon ou un papier absorbant ou un buvard.
Vous observerez que les contours des parties claires sont, par cette méthode, plus doux qu'avec celle ci-dessus. *(Paragraphe : laisser les blancs en réserve)*

Pour pratiquer cette méthode, il faut une bonne qualité de papier afin de ne pas endommager la surface.
Il faut savoir, en outre, que certains pigments se laissent difficilement enlever.
On peut se servir aussi de cette méthode pour corriger des erreurs (à éviter !).

Dans la peinture encore humide, vous pouvez, en tamponnant directement avec le tranchant d'un carton, tracer des lignes droites. Pour cela utilisez une carte bancaire entourée d'un papier absorbant ou des cartons de différentes épaisseurs en

fonction de la largeur de ligne souhaitée.
Autres formes spécifiques : on peut obtenir, par exemple, des petits points avec un coton-tige, ou des triangles avec du papier absorbant (buvard).

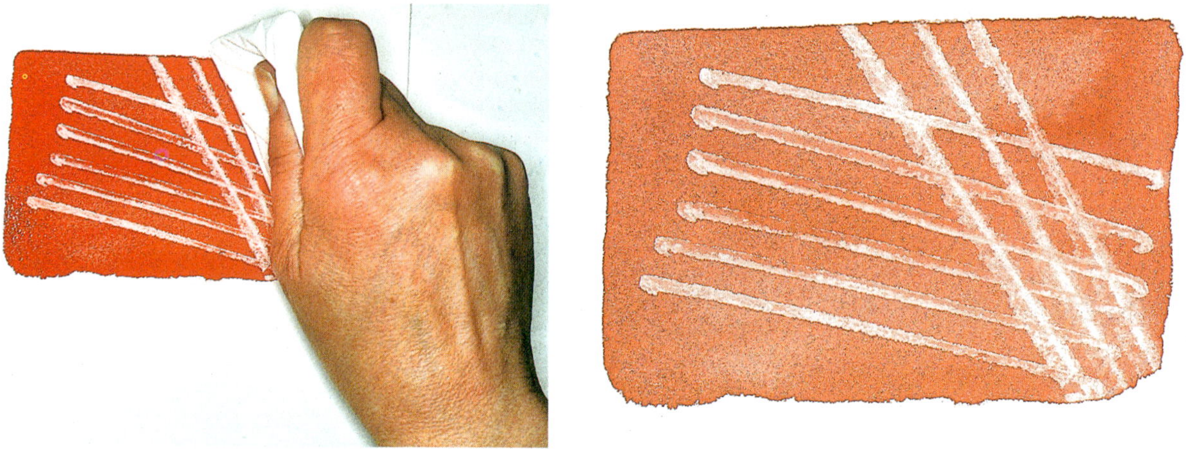

Absorber avec le tranchant d'un carton.

Absorber avec un coton tige.

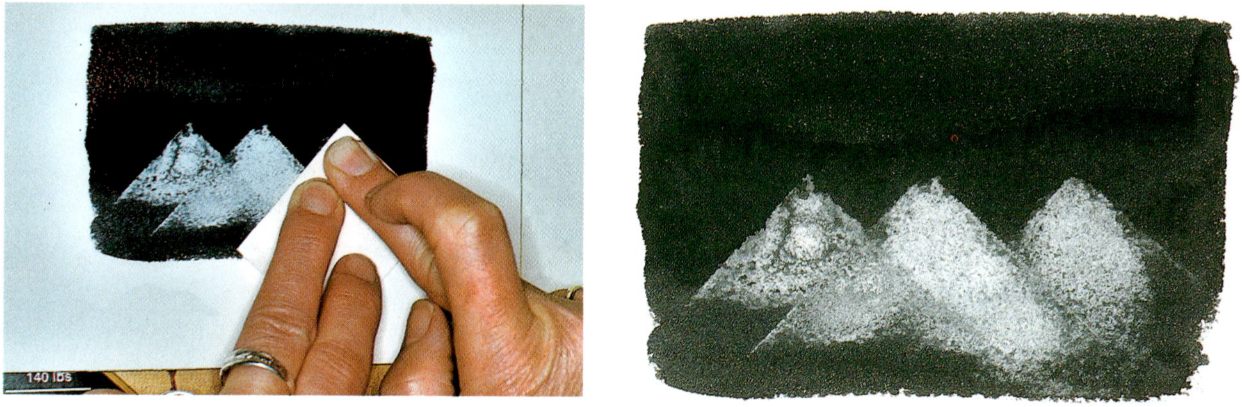

Absorber avec un papier buvard.

Inventez d'autres formes !

Si vous n'obtenez pas l'effet désiré, c'est que votre peinture est encore trop mouillée.

Dans un lavis uniforme et encore humide, dessinez des nuages avec un pinceau mouillé, puis épongez.
Laissez sécher et appliquez un nouveau lavis, plus clair. Tamponnez à nouveau les nuages pour adoucir le tout avec une éponge humide.

Laver, absorber et ensuite passer un lavis.

Les blancs sont tamponnés avec un chiffon, avec le tranchant d'un carton et grattés avec un cutter.

Le grattage

Pour obtenir des blancs quand la peinture est déjà sèche, vous pouvez, à la rigueur, vous servir d'une technique un peu brutale : *le grattage.*
Pour des tracés linéaires, utilisez indifféremment le manche du pinceau, un couteau, un cutter.

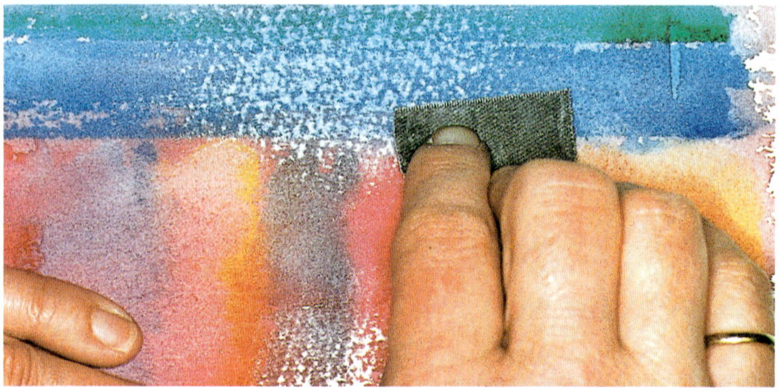

Pour donner des structures à une surface, prenez du papier de verre.

Mais attention, la surface de papier est de cette manière endommagée et il ne faut pas revenir sur cet endroit. Employez cette méthode seulement si c'est absolument nécessaire !

Le masquage

Vous pouvez obtenir des blancs en couvrant des parties, soit avec des bandes à masquer qu'on enlève après, soit avec des papiers que l'on coupe dans la forme désirée.

Obtention des blancs avec des bandes à masquer.

Supression des bandes à masquer.

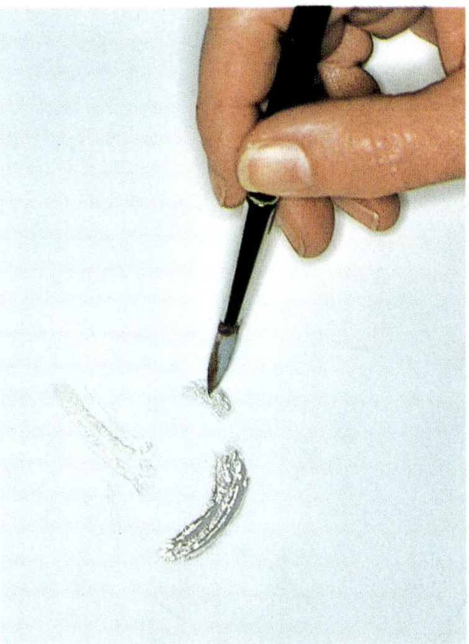

La gomme à masquer.

Il existe aussi un produit qui s'appelle la gomme à masquer. Peignez d'abord les endroits en « positif » avec ce liquide, ensuite finissez votre tableau, et après séchage, enlevez cette gomme du bout des doigts.

Souvent ces parties produisent un effet trop artificiel et s'intègrent mal au reste du tableau.
On peut éviter cet aspect négatif en passant une ou plusieurs couches diluées sur le tout.

Supression de la gomme à masquer.

Passage de couches diluées sur le tout.

On peut couvrir également avec de la cire de bougie ou avec des craies grasses.
Avec les craies grasses on entre dans le cadre des techniques mixtes.
(voir aussi aquarelle p. 79)

Essayez tous ces « trucs ». Expérimentez et, c'est bien possible, en travaillant, vous inventerez vos propres astuces.

La craie grasse blanche + lavis bleu.

Les structures - les effets graphiques

Les autres expérimentations que vous allez faire maintenant vous serviront à donner des structures, des effets graphiques.

Les structures obtenues par impression.
Sur la peinture encore humide, en pressant un tissu, un papier froissé, ou tout autre objet absorbant, vous obtiendrez d'intéressantes structures en *négatif*, laissées par l'empreinte de ces matières.

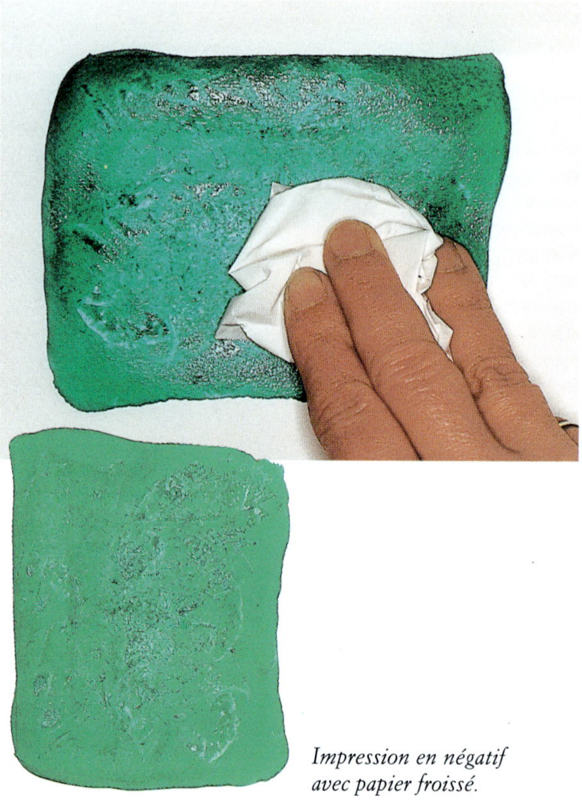

Impression en négatif avec papier froissé.

Impression en négatif avec chiffon.

Vous pouvez inverser le processus, c'est-à-dire, en posant vos couleurs directement sur le tissu, le papier, ou tout autre objet, et en l'appliquant sur le support papier. La structure ainsi obtenue apparaît *en positif.*

Couleurs directement posées sur un support.

En positif.

Sur un support de papier ou autres.

En positif.

Vous obtiendrez des effets spéciaux et inattendus en posant vos couleurs sur une plaque de verre, puis en pressant le papier aquarelle sur cette plaque.

(voir aussi aquarelle p.73, avant l'orage)

N'hésitez pas à faire des essais.

Posez les couleurs sur une plaque de verre.

Pressez le papier aquarelle sur cette plaque.

Tirez le papier.

Effets spéciaux inattendus.

Le pointillisme.

En projetant la peinture à l'aide d'une brosse à dents, vous obtiendrez des points très fins,

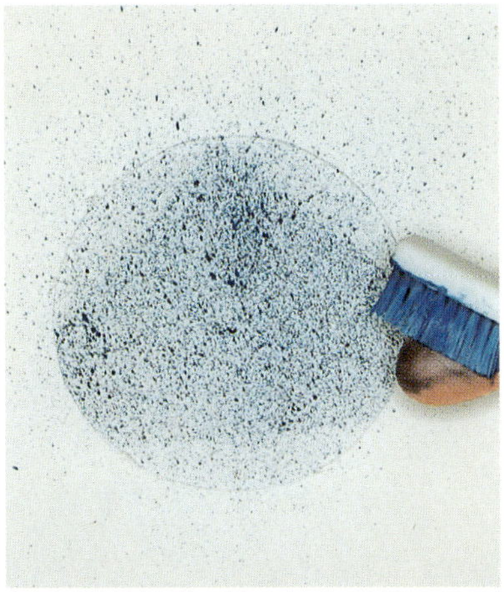

et d'un pinceau, des points plus gros.

Végétation exubérante.

Vous voyez il y a tant de choses à expérimenter, bien d'autres à découvrir !
Notamment les techniques mixtes qui me tiennent personnellement à cœur mais qui nécessiteraient un livre à part entière.

Rien n'est interdit, seule la créativité compte !

Je pense vous avoir donné assez de matière pour commencer de petites œuvres.

Pourquoi pas des grandes ?

Pour clore ce chapitre, il me reste à vous dire la nécessité de préférer telle technique à telle autre, en fonction du sujet traité, et surtout d'en combiner afin d'obtenir des travaux très intéressants, dynamiques, souverains, ouvrant l'imaginaire et délivrant le plaisir, le bonheur.

Je vous invite au voyage. Ensemble, entrons dans l'image !

Le pointillisme.

6 *Réalisation de l'image*

Pour réaliser une image, il faut passer par plusieurs étapes.

Regarder

Vous avez vu un paysage, une nature morte, votre chat et vous voulez faire une aquarelle parce que le sujet vous plait.

Vous avez vu, mais avez-vous regardé, observé ?

C'est une étape très importante dans la création : Bien regarder ! Surtout prenez votre temps.

Re-gar-dez !
Découvrez votre sujet.

Voir est un acte passif, l'œil seul est en action.
Regarder implique une démarche volontaire : c'est en quelque sorte « entrer en possession » de l'objet étudié.

C'est être attentif, intéressé. C'est juger, examiner, considérer.

Comprendre et concevoir

Mettez le sujet dans votre esprit. Pensez, en prenant le temps.

Faire un concept

Mettez l'image conçue sur un plan : le plan intellectuel. Proposez-vous un projet, c'est très important !

La transposition

Essayez de transposer le concept dans une première esquisse, une première ébauche.

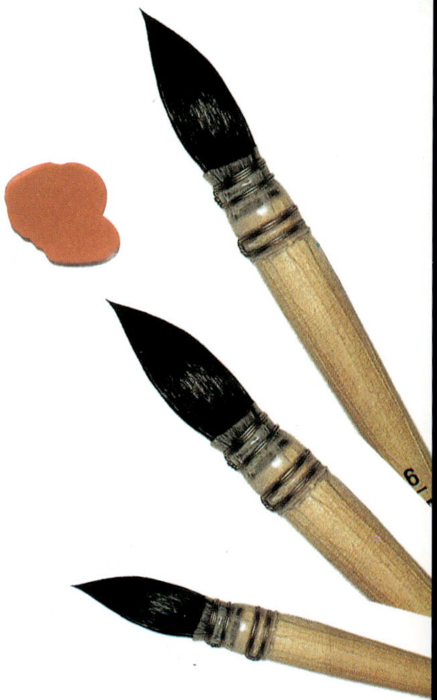

La réalisation de votre aquarelle

Contrôlez toujours que vous êtes bien passé par toutes ces étapes. Vous serez plus sûr de vous pour démarrer un travail.
Ne plongez pas tout de suite avec les pinceaux dans les couleurs.
Vous comprendrez plus tard, que le temps passé à regarder, penser, concevoir, etc..., n'aura pas été vain, puisqu'il vous aura permis de vous exprimer plus vite et mieux ; et vous aura évité l'écueil des multiples ratages décourageants.
De plus, vous connaîtrez la satisfaction (fort valorisante) de savoir expliquer votre démarche, vos émotions ainsi traduites.

La composition

Ou, comment organiser son tableau ?
Comment disposer les éléments dans l'image ; faire une unité des différents éléments en respectant le contexte de l'image ?
Une composition réussie dépend beaucoup du goût et du tempérament de l'artiste. Il n'y a pas de règles fixes.

Le format.
Le format par lui-même donne une structure de base à la composition.
On peut construire l'image dans un format imposé (la feuille est pleinement utilisée). L'image sera harmonieuse, tranquille.
Plus la division de la surface s'éloigne de la structure de base, plus l'image gagne en tension, plus la composition devient dynamique : un rectangle divisé en deux parties égales par une ligne horizontale ou verticale donnera une sensation « d'ordre total » mais sera de faible intérêt.

Le nombre d'or ou la section d'or.
Le principe du nombre d'or, « la divine proportion » selon les anciens grecs, peut vous paraître bien rébarbatif, mais ne vous découragez pas, je vous en propose une approche simplifiée.
Quand on divise une ligne ou une surface, selon le principe du nombre d'or, la partie la plus petite est à la partie la plus grande ce que la partie la plus grande est à la longueur ou à la surface totale.
En chiffres, on peut traduire ce rapport par : 3/5, 5/8, 8/13, 13/21, etc...
Pour trouver ce rapport, il suffit de multiplier la longueur de la ligne par 0,6, ou, dans le cas de division d'une surface, multiplier la longueur et la hauteur par 0,6.

Le nombre d'or.

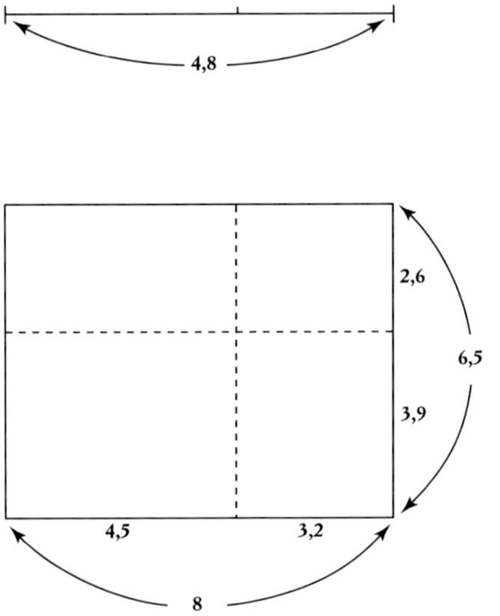

$\frac{3}{5} = \frac{5}{8} = 0{,}6$

$8 \times 0{,}6 = 4{,}8$

$\frac{3{,}2}{4{,}8} = \frac{4{,}8}{8} = 0{,}6$

$6{,}5 \times 0{,}6 = 3{,}9$

$\frac{2{,}6}{3{,}9} = \frac{3{,}9}{6{,}5} = 0{,}6$

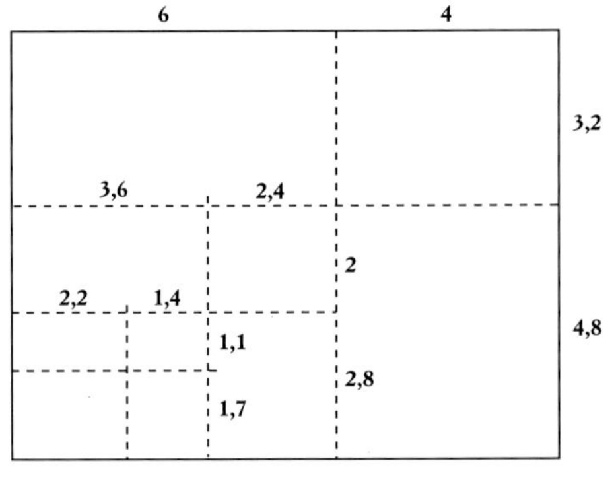

Dans l'exemple qui précède, pour obtenir la ligne courte, on a multiplié la longueur et la hauteur du rectangle par 0,6.
On peut toujours diviser et subdiviser une ligne ou une surface, sans qu'il y ait de répétition d'une même longueur ou d'une même surface.

Cette loi du nombre d'or ou de la section d'or est utilisée en peinture et en architecture, surtout au XVIe et XVIIe siècles.

Le nombre d'or divise le format de façon que l'on puisse remarquer une différence de sections qui n'est pas extrême. Cela donne une légère tension qui est en même temps harmonieuse !

C'est une façon pratique d'attirer l'œil rapidement vers le point important. On retrouve le nombre d'or dans les proportions des tableaux, des livres, des photos, du papier, etc.
Pour utiliser cette loi dans une aquarelle, vous n'êtes pas obligé de faire de calculs, vous pouvez l'employer intuitivement.

« L'arbre mort » *L'horizon et l'arbre se trouvent sur les lignes de division selon le nombre d'or (voir les petites croix).*

Vous pouvez faire quelques essais :

- Divisez un rectangle en deux parties égales en mettant un lavis en deux couleurs.
- Ensuite changez ces parties en déplaçant un cadre en carton sur la surface.

Lavis à deux couleurs.

Déplacer le cadre vers le haut.

Déplacer le cadre vers le bas.

Déplacer le cadre en diagonale.

Déplacer le cadre dans un autre sens.

Changer le format.

- ◆ Observez les différentes divisions de surface.
- ◆ Mettez ensuite un morceau de papier aquarelle peint dans le cadre et déplacez le.
- ◆ Ensuite mettez encore deux autres morceaux de papier aquarelle de différentes grandeurs.
- ◆ Pensez à un paysage, une nature morte, un portrait.
- ◆ Essayez de trouver les emplacements les plus intéressants.
- ◆ Sentez la différence entre plusieurs compositions.
- ◆ Est-ce tranquille, mouvementé, ennuyeux, flottant, statique ?

Que sentez-vous ?.

Je l'ai déjà dit, il n'y a pas de règle fixe.
Ce qui compte, c'est Votre expérience, Votre sensibilité et, avant tout, la mise en couleurs.

Trouvez les emplacements les plus intéressants.

Illusion spatiale

Comment peut-on réaliser un effet spatial ?

Par la perspective linéaire.
Quelques règles et quelques termes à connaître :
La ligne d'horizon est une ligne imaginaire située horizontalement au niveau des yeux ; en position assise, elle se trouvera plus basse qu'en station debout.

Le point de fuite et la ligne de fuite.

Les lignes, qui sont en réalité horizontales, menant dans la profondeur en direction de la ligne d'horizon, sont appelées les lignes de fuite.
L'endroit où ces lignes, dans leur prolongement, rencontrent la ligne d'horizon est appelé le point de fuite. Toutes les lignes de fuite au-dessus de la ligne d'horizon sont descendantes ; les lignes de fuite au-dessous de la ligne d'horizon sont montantes.

P = *point de fuite*
H = *ligne d'horizon*
---------- = *Ligne de fuite.*

La perspective linéaire :
Trois maisons : une au dessus de la ligne d'horizon, une sur la ligne d'horizon, une au dessous de la ligne d'horizon.

Si vous êtes dans la nature et que vous voulez reproduire une image tridimensionnelle, imaginez que vous regardez à travers une vitre et que vous dessinez sur cette vitre.

Cette vitre représente la surface plane du bloc de dessin, qui est bidimensionnel, comme la vitre.

Vous voyez que tout ce qui est proche de vous est plus grand et que tout ce qui est plus éloigné est plus petit.
C'est cela le principe de la perspective linéaire.
Dans la représentation d'un paysage, l'emplacement de la ligne d'horizon est très important.

En déplaçant cette ligne, l'effet peut changer énormément.

En déplaçant la ligne d'horizon, l'effet peut changer énormément.

Un dessin ou une peinture gagne en profondeur lorsque la ligne d'horizon est plus basse.
Pour peindre un paysage, il vaut mieux être assis que debout pour avoir la ligne d'horizon plus basse. Si vous dessinez de mémoire, vous pouvez placer la ligne d'horizon là où vous voulez. Si votre intention est de mettre en valeur les éléments de l'arrière plan et éviter qu'ils soient cachés par les éléments du premier plan, positionnez la ligne d'horizon plus haute.

Par la perspective aérienne ou atmosphérique.
C'est une autre manière de donner un effet spatial. Ici, il s'agit d'un phénomène observable dans la nature : tout ce qui est éloigné paraît bleuâtre, le contraste clair-obscur diminue, les structures et les détails disparaissent.

Pour réaliser l'effet spatial, vous devez respecter ce phénomène.

En principe on peut dire que les couleurs froides : vert, bleu et violet « se poussent » en arrière-plan et les couleurs chaudes : jaune, orange et rouge « viennent » en premier plan. Ceci est relatif, question de rapport entre couleurs voisines.

Dans la réalisation d'un paysage, la saturation des couleurs diminue en arrière-plan, les détails et les nuances se trouvent au premier plan.
Les contrastes sont naturellement toujours plus forts au premier plan.

En général, on construit un premier plan, un plan moyen et un arrière-plan. Mais ça ne veut pas dire que toutes les figures principales se trouvent toujours au premier plan. Ce dernier peut être totalement vide et l'action, le mouvement, les figures principales peuvent se manifester sur le plan moyen.
Tout cela dépend du message que l'artiste veut transmettre à l'observateur.

Le violet avance sur le fond clair.

Le violet demeure sur le fond foncé.

Le jaune demeure sur le fond clair.

Le jaune avance sur le fond foncé.

Le pouvoir spatial de la couleur.

Pour créer l'espace dans un tableau, la perspective linéaire est plutôt un moyen graphique alors que la perspective aérienne est plutôt un moyen pictural.

Par l'ombre et la lumière le clair-obscur.
Ombre et lumière : moyen créateur essentiel pour donner l'effet de corps et d'espace.

Un vase, par exemple, peint dans une couleur uniforme, semble plat, mais avec une modulation de clair-obscur prend corps dans l'espace.
De la même manière, on peut modeler des effets de corps et d'espace dans un paysage.

Cruche, monochrome, modulation de clair-obscur.

L'espace négatif

Les espaces négatifs, les formes entre les objets, entre les éléments d'une image, sont aussi importants que les formes positives.
Vous pouvez concevoir une aquarelle en ne travaillant que les formes négatives. De cette manière-là, vous exercez l'œil, vous perfectionnez votre regard, vous créez une vision plus abstraite et plus plastique.
Ensuite vous pouvez ajouter de la couleur dans les formes positives, si nécessaire. Ainsi vous créez un lien, un passage entre l'espace et les formes.

Les pleins et les vides

Laissez des espaces vides dans votre aquarelle, pour que les pleins deviennent plus expressifs.

Laissez le blanc du papier comme espace vide : vous créez de la lumière et souvent ces parties vides « inachevées » obligent l'observateur à les transformer en espaces vivants. Vous pouvez également créer des vides par des tons neutres, des gris ou des mélanges de couleurs en contraste avec des couleurs pures qui représentent les pleins.

(Voir aussi aquarelles p. 75)

Le mouvement et le rythme

Pour faire vivre une composition, il existe plusieurs moyens créateurs : les interventions graphiques, les couleurs, les taches, la circulation de la lumière.
La dissymétrie donne un effet de mouvement.
On peut donner un rythme dans une composition par la répétition.
(Voir aussi aquarelles p. 32, 35, et p. 57 végétation exubérante)

Mouvement par interventions graphiques.

Rythme.

Diversification

Mettez de la variation dans vos œuvres. Une variété de couleurs, de formes, de perspectives, de plans, de lumières.
Essayez de ne pas sombrer dans une routine étriquée.

Expérimentez, exercez-vous et pensez aux conseils que je vous ai donnés. Il faut savoir traduire la langue de la réalité en langue de créativité.
C'est la transposition du thème qui est importante.

Par exemple, si vous voulez peindre un paysage ensoleillé ou le même paysage sous la pluie, vous aurez deux situations différentes que vous traduirez en deux langues distinctes. Vous aurez alors deux expressions de ce paysage.

Paysage sous la pluie.

Paysage ensoleillé.

Récapitulation

Pour la réalisation de l'image :

Regarder → Comprendre → Elaborer un concept → Transposer → Réaliser

Pour regarder, il faut être disponible et réceptif.
Après avoir regardé, assurez-vous d'avoir bien vu, bien compris.
Par exemple, la hauteur d'un arbre par rapport à une maison, la couleur locale.
Faites des esquisses et des essais de couleurs.

Ensuite élaborez votre concept :
Pourquoi avez-vous choisi ce sujet ?
Dans quel format allez-vous le traduire ?
Comment le composer, exprimer la perspective, construire les plans de profondeur, donner la lumière, créer des espaces négatifs, des espaces pleins et vides ?
Comment donner le rythme, le mouvement, etc. ?

Essayez plusieurs variantes. De cette façon, votre travail a déjà bien avancé.

A présent choisissez votre papier d'aquarelle, la technique envisagée…, et enfin, à vos pinceaux, commencez votre aquarelle !
En travaillant, observez toujours l'ensemble de votre aquarelle. Ne pensez pas seulement au sujet, aux objets à peindre. L'essentiel est ce que vous produisez sur le papier.
En fin de travail l'importance du sujet réel peut s'avérer moindre que sa transcription, reflet de votre vision ; et si vous pouvez argumenter votre traduction de la réalité, c'est parfait !

« Le pré »

7 Thèmes

Je vous propose ici quelques types de réalisations possibles de différents thèmes que vous serez amené à travailler.

Les éléments de la nature

1

2

3

Les différentes étapes de réalisation :

1. Appliquer différents lavis superposés pour le fond, en laissant en réserve le blanc pour la fleur principale.
2. Pour rendre un effet de flou pour le fond et faire apparaître les lumières du premier plan, laver et absorber la peinture en tamponnant avec le pinceau et le chiffon *(voir chapitre 5).*
3. Après séchage complet, réaliser le premier plan détaillé en glacis *(voir chapitre 4).*

Le paysage

Pour la réalisation de ce paysage on a utilisé des petites taches de couleurs superposées qui donnent l'impression de mouvement et de chaleur, à la manière des impressionnistes.

« Hydra ».

Avant l'orage.

Ce paysage est réalisé à partir d'un monotype sur verre puis, selon plusieurs techniques, retravaillé à l'éponge et au pinceau pour donner plus de détails, *(voir chapitre 5)*.

La nature morte

« Cyclamen »
Technique mouillé sur mouillé.
(voir chapitre 4)

« transparences ».
Technique du glacis.
(voir chapitre 4).

Laisser en réserve les blancs pour les reflets sur les bouteilles.

On remarquera que les bouteilles du premier plan réfractent les lignes des bouteilles de l'arrière plan.

Le portrait

Ces deux portraits sont réalisés sans dessin préalable, en commençant par les ombres et en laissant les blancs pour la lumière en réserve.

« Le Grec »

« Miroir »

Le nu

Aquarelles 70x100cm, technique mouillé-sur-mouillé, sur papier japon.
Le travail sur papier japon exige de l'expérience.

Il est très absorbant, voire perméable à l'eau, et très fragile à manipuler mouillé.

Il est très important de le poser sur un carton qui absorbera l'excès d'eau.

En séchant les couleurs deviennent plus claires, commencer avec des tons plus vifs.
(voir chapitre 4).

L'architecture

« l'église de Saint-Restitut »

Trois façons de traiter le même sujet.

La composition en diagonale donne du mouvement à un sujet statique.

Après avoir posé les couleurs, dessiner les détails au pinceau sec.

ravail plus libre et plus humide.
uperpositions d'aplats de couleurs.

Même technique que l'aquarelle ci-contre.
Les superpositions en diagonale représentent une
autre partie de l'église.

L'abstrait

Aquarelle (40x60 cm).
Technique mixte aquarelle/craie grasse bleue sur papier satiné. D'abord poser la craie grasse. L'aquarelle n'adhère pas aux surfaces traitées à la craie grasse. Laisser les blancs pour la lumière.

Aquarelle (20x20 cm).
Technique mixte aquarelle et encre sépia sur papier grain satiné.
Interventions graphiques au calame sur aquarelle.

Aquarelle (22x22 cm).
Technique mixte aquarelle et encre sépia sur papier grain-torchon.
Interventions graphiques à la plume sur aquarelle. Sur les endroits humides on obtient des effets spéciaux.

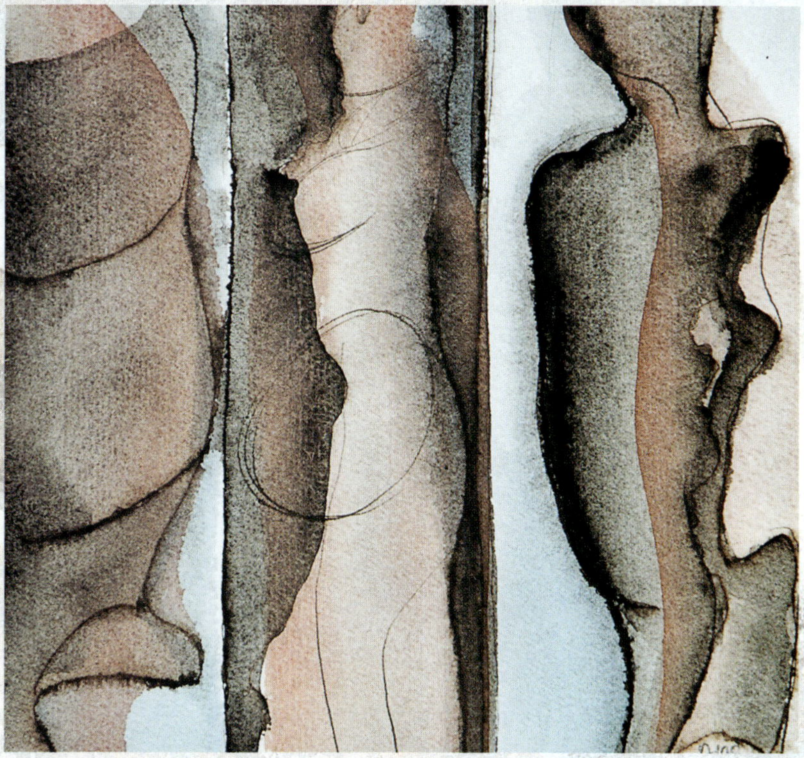

Aquarelle (60x80 cm).
Technique mouillé-sur-mouillé sur des traces de craie grasse blanche réalisées sur papier japon.

Vous avez posé vos pinceaux ? Votre première œuvre est accomplie.

Ne vous demandez pas si elle est « jolie » !

Offrez-la aux regards d'un observateur, et voyez s'il a reçu tous les messages. :

A-t-il vu les caractéristiques de votre sujet ?

Lui ont-elles paru assez claires ?

Mais surtout…
a-t-il ressenti une émotion ?

Vous a-t-il parlé de votre propre ressenti ?

Si vous avez trouvé un nouvel ami, la partie est gagnée et vous me faites heureuse.

OUVRAGES DÉJÀ PARUS OU À PARAÎTRE

● L'AQUARELLE
TECHNIQUES ET ASTUCES :
Cathy Johnson

● L'AQUARELLE SELON F. WEBB
Frank Webb

● L'AQUARELLE
LA NATURE ET SES DÉTAILS :
Cathy Johnson

● L'AQUARELLE
LES PERSONNAGES :
J. Evrett Draper

● L'AQUARELLE
PAYSAGE ET COMPOSITION :
Richard K. Kaiser

● LES MARINES
Lin Seslar

● LA PEINTURE TONALE
DÉCOUVREZ LES SECRETS DE LA LUMIÈRE, DES COULEURS ET DES FORMES :
Angela Gair

● LES COULEURS
SAVOIR LES CHOISIR ET LES MÉLANGER :
Jeremy Galton

● LA LUMIÈRE
SAVOIR LA REGARDER ET LA PEINDRE :
Lucy Willis

● MAISONS ET BÂTIMENTS
INTÉRIEURS ET EXTÉRIEURS :
Hazel Harrison

● LA PEINTURE A L'HUILE
COMPOSITION ET PRATIQUE :
Hazel Harrison

● LES TEXTURES
Martin Davidson

● LES FLEURS
Joyce Pike

● CIELS & SAISONS
Patricia Saligman

● PORTRAITS D'ENFANTS
Roberta Carter Clark

● PASTELS INTERPRÉTATIONS
Madlyn-Ann C. Woolwich

● LE CRAYON DE COULEUR
Bernard Poulin

● ESPACE, VOLUME, PROFONDEUR
PEINDRE EN TROIS DIMENSIONS :
Brian Dunce

● LA POTERIE A LA MAIN
UN ART DE LA CÉRAMIQUE :
Ayca Riedinger

● LE BOIS
SCULPTURE, MEUBLES, DÉCORS :
Alan et Gill Bridgewater

● LE GUIDE COMPLET DE LA SCULPTURE
TECHNIQUES ET MATÉRIAUX :
Barry Midgley

● LE MANUEL DU POTIER
Kenneth Clark

● LA MOSAÏQUE
SELON LA TRADITION DE RAVENNE :
Giovanna Galli

● TRACES, SIGNES, LETTRES
Martin Andersch

● LA PEINTURE ACRYLIQUE
Earl Grenville Killeen

● L'AQUARELLE :
OMBRE ET LUMIÈRE
William B. Lawrence

● COLLAGE :
TECHNIQUE ET CRÉATION
Nita Leland & Virginia Lee Williams

● MOTIFS SUR PORCELAINE
PEINDRE ET DESSINER :
Dony Alexiev

● AQUARELLE RÉALISTE
Dawn McLeod Heim

● LA MAGIE DES TERRES MÊLÉES
Mireille de Reilhan

● BRODERIE D'ART
Liz Maidment

● MOTIFS PEINTS SUR BOIS
Paul et Jean-Claude Roussel

● MODELAGE
Patricia Liversain

● PEINTURE SUR PORCELAINE
Catherine Bergoin

● LA MOSAÏQUE
LES TECHNIQUES :
Josette Deru

● LES ICÔNES
Patricia Liversain

● LES NATURES MORTES
Carmen Berluti-Venturini

● DÉCORS SUR PORCELAINE
TECHNIQUE AMÉRICAINE:
Catherine Bergoin

● LA CALLIGRAPHIE
Jean Bordet

● USAGE DE LA COULEUR
Christophe Chazalon

● TECHNIQUE ET MOTIFS SUR PORCELAINE
Aude Creuzé & Véronique Habègre

● PEINTURE CONTEMPORAINE
Christian Parra

● BOIS PEINTS,
STYLES ET TECHNIQUES
Russe Khokhloma, Uzès, Bourguignon,
Patricia Gohin

● BOIS DÉCORÉ
Diane Borione

● MOULAGE ET ESTAMPAGE
Nils Descotes-Genon

● LES MASQUES
Line Clément

● LES MARIONNETTES
Jacqueline Sarrazin

● LE LUSTRE
Véronique Habègre

● LA GRAVURE SUR MÉTAL
TAILLE DOUCE, EAU-FORTE, AQUATINTE
Mireille Baltar

● LE CARTONNAGE
Mireille Gras Depoix

● LA MOSAÏQUE DE CUIR
Jean-Pierre Rousseau

● LA PORCELAINE DÉCORÉE
LES PREMIERS PAS
Catherine Le Noël

COLLECTION 100 ASTUCES

● LES PASTELS
Miranda Fellows

● LA PEINTURE ACRYLIQUE
Judy Martin

● LA PEINTURE A L'HUILE
Helen Douglas Cooper

● CALLIGRAPHIE
Judy Kastin

● DÉCORS ET PEINTURE SUR TISSUS
Julia Richardson

● LE MODELAGE
Philippe Chazot

À PARAÎTRE Printemps 2001

● POTERIE : LA TERRE QUI CHANTE

● LE PAPIER À LA COLLE

● LA PEINTURE ACRYLIQUE

● L'ENCADREMENT

● PORCELAINE MOTIFS ANIMALIERS

● 101 ASTUCES AQUARELLE

● 101 ASTUCES CALLIGRAPHIE

Catalogue technique de l'art et/ou catalogue sport sur demande

Ulisse Editions - 15, rue Mansart - 75009 PARIS